» Roberto Ramos de Morais

O selo DIALÓGICA da Editora InterSaberes faz referência às publicações que privilegiam uma linguagem na qual o autor dialoga com o leitor por meio de recursos textuais e visuais, o que torna o conteúdo muito mais dinâmico. São livros que criam um ambiente de interação com o leitor – seu universo cultural, social e de elaboração de conhecimentos –, possibilitando um real processo de interlocução para que a comunicação se efetive.

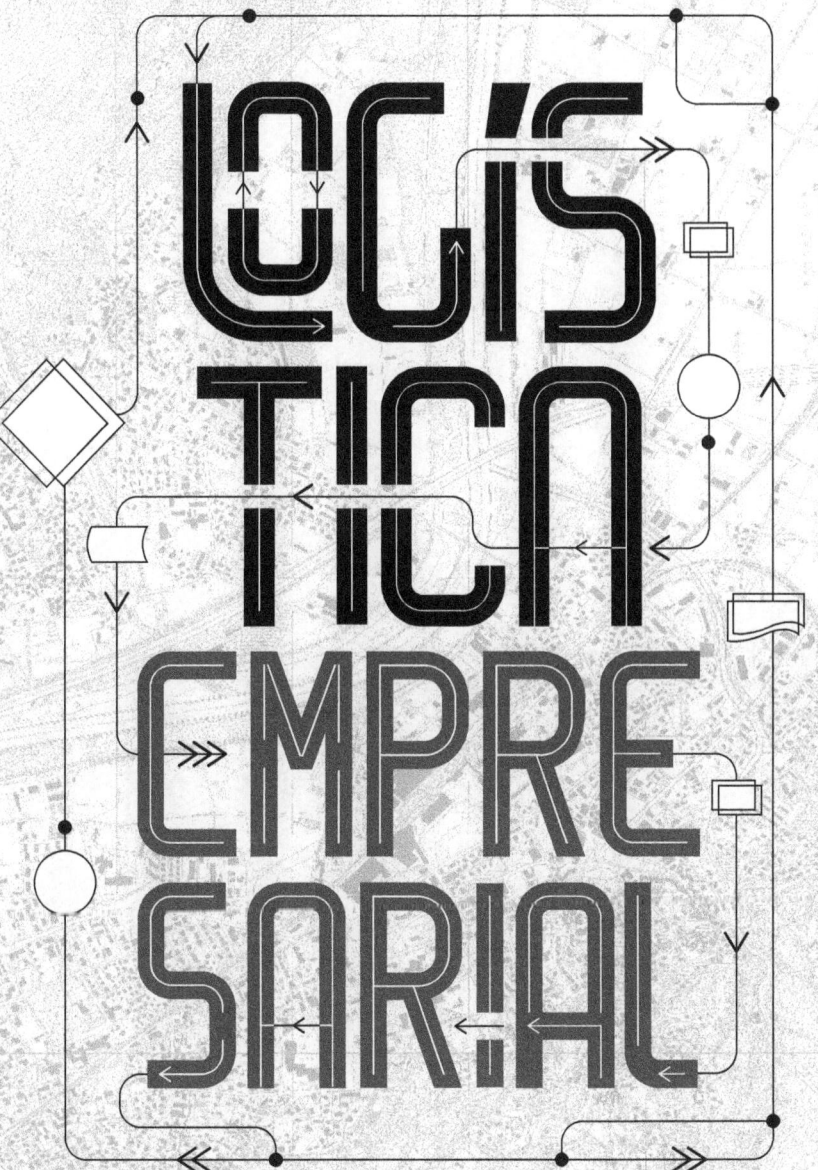

Rua Clara Vendramin, 58 – Mossunguê
CEP 81200-170 – Curitiba – Paraná – Brasil
Fone: (41) 2106-4170
www.intersaberes.com
editora@editorainteresaberes.com.br

Conselho editorial »

Dr. Ivo José Both (presidente)

Drª Elena Godoy

Dr. Nelson Luís Dias

Dr. Neri dos Santos

Dr. Ulf Gregor Baranow

Editora-chefe » Lindsay Azambuja
Supervisora editorial » Ariadne Nunes Wenger
Analista editorial » Ariel Martins
Capa » Charles L. da Silva
Projeto gráfico » Raphael Bernadelli

Dados Internacionais de Catalogação na Publicação (CIP)
(Câmara Brasileira do Livro, SP, Brasil)

Morais, Roberto Ramos de
   Logística empresarial/Roberto Ramos de Morais. – Curitiba: InterSaberes, 2015. – (Série Logística Organizacional).

   Bibliografia.
   ISBN 978-85-443-0174-6

   1. Logística (Organização) 2. Logística empresarial I. Título. II. Série.

15-01273   CDD-658.78

Índice para catálogo sistemático:
1. Logística empresarial: Administração de empresas 658.78

1ª edição, 2015.

Foi feito o depósito legal.

Informamos que é de inteira responsabilidade do autor a emissão de conceitos.

Nenhuma parte desta publicação poderá ser reproduzida por qualquer meio ou forma sem a prévia autorização da Editora InterSaberes.

A violação dos direitos autorais é crime estabelecido na Lei n. 9.610/1998 e punido pelo art. 184 do Código Penal.

Sumário

Apresentação, 8

Como aproveitar ao máximo este livro, 12

Conceitos de logística e cadeia de suprimentos, 18
- » Evolução histórica e conceituação da logística, 20
- » Atividades logísticas, 22
- » Recursos, 24
- » Relação da logística com outras áreas da empresa, 26
- » Cadeia de suprimentos, 27

Logística e estratégia, 38
- » Estratégia, 40
- » Objetivos estratégicos da logística, 42
- » Níveis de planejamento da logística, 43
- » Classificação das estratégias da cadeia de suprimentos, 44
- » Nível de serviço, 49
- » Desempenho da cadeia de suprimentos, 53

Transportes, 60
- » Modais de transportes, 62
- » Intermodalidade e multimodalidade, 87

Armazenagem e movimentação de materiais, 96
- » Armazenagem, 98
- » Embalagens, 104
- » Utilização cúbica, 109
- » Localização de produtos no armazém, 110
- » Movimentação de materiais, 111

Codificação de materiais, 128
- » Especificação de materiais, 130
- » Codificação, 132

Distribuição física e logística reversa, 144
- » Distribuição física, 146
- » Tipos de mercados atendidos, 147
- » Decisões de distribuição, 148
- » Atividades relacionadas à distribuição, 150
- » Localização dos centros de distribuição, 151
- » Logística reversa, 154

Estoques, 162
- Conceito e objetivos do estoque, 164
- Conflitos de estoques, 165
- Tipos de estoques, 169
- Gestão de estoques, 170
- Custos de estoques, 172
- Políticas de estoque, 173
- Giro de estoque, 180
- Classificação ABC, 181
- Custeio de estoques, 184
- Inventário, 188

Sistemas integrados de informação, 200
- Introdução, 202
- Sistemas de informação, 203
- Sistemas integrados de informação e cadeia de suprimentos, 205

Gestão de compras e análise de propostas, 218
- Importância da área de compras, 220
- Gestão de compras, 223
- Relacionamento com outros departamentos, 226
- Propostas de fornecimento, 227
- *E-procurement*, 235
- Licitações, 237

Consultando a legislação, 245

Para concluir..., 246

Referências, 248

Anexo, 254

Respostas, 255

Sobre o autor, 260

Apresentação

Neste livro, nosso propósito consiste em apresentar uma visão abrangente da logística, suas operações e sua importância para as organizações modernas.

Os capítulos são estruturados da seguinte forma: apresentação dos conteúdos abordados no capítulo; apresentação de conceitos e exemplos pertinentes aos temas enfocados; síntese do capítulo; questões para revisão e reflexão; indicação de obras para consulta; respostas a dúvidas frequentes.

Com essa estrutura, visamos abordar cada atividade da logística empresarial, partindo do conceito de logística e detalhando-o em suas características, conforme mostramos na Figura A.

» **Figura A:** Estrutura do livro

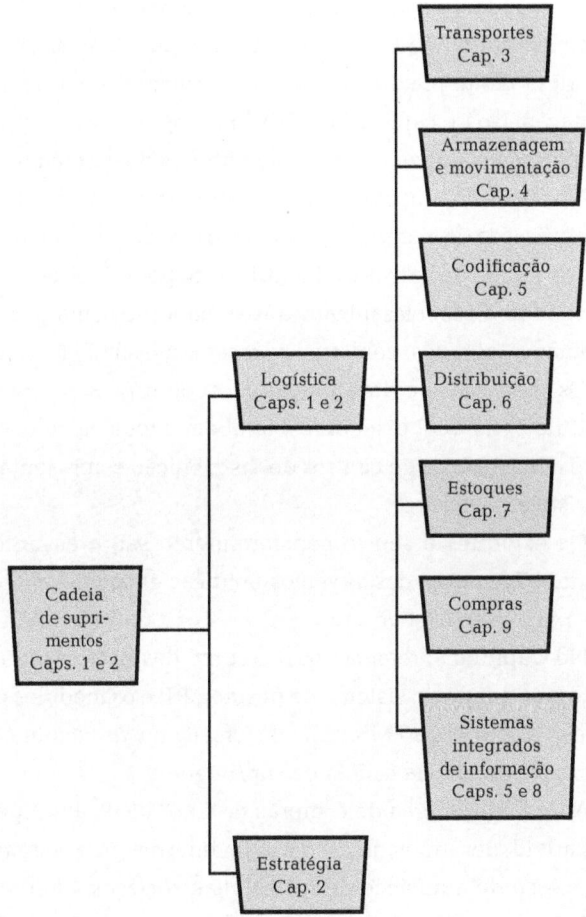

Assim, temos a apresentação dos conceitos básicos de logística e de cadeia de suprimentos no Capítulo 1.

No Capítulo 2, abordamos a importância da logística para as organizações, sua contribuição para a estratégia empresarial, a visão e a construção de uma cadeia de suprimentos.

No Capítulo 3, discutimos a operação de transportes, os tipos de modais e suas características de operação.

Em seguida, no Capítulo 4, agrupamos duas atividades logísticas muito próximas entre si: a armazenagem e a movimentação. Nesse capítulo, descrevemos operações, técnicas e equipamentos utilizados, além de critérios de escolha destes.

No Capítulo 5, apresentamos as formas de especificação e de codificação de materiais, com ênfase em sistemas integrados, como o código de barras e a identificação por radiofrequência; em virtude disso, classificamos esse capítulo como parte de sistemas integrados, conforme apresentamos na Figura A.

Os processos de distribuição de produtos são o tema do Capítulo 6, no qual discutimos, também, modelos de decisão sobre a localização de centros de distribuição e apresentamos a logística reversa.

Os estoques e seu dimensionamento são o assunto do Capítulo 7, no qual descrevemos políticas e modelos matemáticos para esse objetivo.

No Capítulo 8, retomamos o assunto dos sistemas integrados, apresentando o sistema de gestão ERP e os módulos específicos MRP, WMS e TMS, além da ferramenta de comunicação EDI, entre os elos da cadeia de suprimentos.

Abordamos a área de compras no Capítulo 9, abrangendo suas atividades, tipologias e o uso da internet para se realizar o processo de aquisição de materiais e serviços; além disso, tratamos da análise de propostas e do conceito de licitação.

Por fim, apresentamos uma lista final de referências, com obras relevantes, por meio das quais você, leitor, poderá aprofundar-se nas temáticas que enfocamos na obra.

Desejamos a você um bom estudo.

Como aproveitar ao máximo este livro

Este livro traz alguns recursos que visam enriquecer o seu aprendizado, facilitar a compreensão dos conteúdos e tornar a leitura mais dinâmica. São ferramentas projetadas de acordo com a natureza dos temas que vamos examinar. Veja a seguir como esses recursos se encontram distribuídos no projeto gráfico da obra.

》》 Conteúdos do capítulo

Logo na abertura do capítulo, você fica conhecendo os conteúdos que serão nele abordados.

>>> Estudo de caso

Esta seção traz ao seu conhecimento situações que vão aproximar os conteúdos estudados de sua prática profissional.

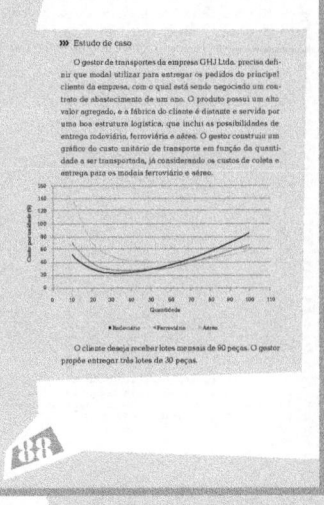

>>> Síntese

Você dispõe, ao final do capítulo, de uma síntese que traz os principais conceitos nele abordados.

>>> Questões para revisão

Com estas atividades, você tem a possibilidade de rever os principais conceitos analisados. Ao final do livro, o autor disponibiliza as respostas às questões, a fim de que você possa verificar como está sua aprendizagem.

>>> Questões para reflexão

Nesta seção, a proposta é levá-lo a refletir criticamente sobre alguns assuntos e trocar ideias e experiências com seus pares.

»> Para saber mais

Você pode consultar as obras indicadas nesta seção para aprofundar sua aprendizagem.

»> Perguntas & respostas

Nesta seção, o autor responde a dúvidas frequentes relacionadas aos conteúdos do capítulo.

»> Consultando a legislação

Você pode verificar aqui a relação das leis consultadas pelo autor para examinar os assuntos enfocados no livro.

CONCEITOS DE LOGÍSTICA E CADEIA DE SUPRIMENTOS

》》 Conteúdos do capítulo

» Neste capítulo, apresentamos os conceitos básicos da logística e da cadeia de suprimentos, os quais servem de base para a compreensão do restante da obra. Procuramos mostrar a importância da logística, sua complexidade e inter-relação com as outras áreas das organizações.

» Atualmente, temos um fluxo de materiais e serviços sem precedentes, no qual bens são produzidos em vários lugares do mundo, para serem consumidos em vários outros lugares do mundo. Com o avanço dos meios de comunicação e o acesso direto a fabricantes e distribuidores, há também uma redução da tolerância com a espera e um aumento da exigência pela qualidade dos bens e serviços adquiridos.

» Nesse contexto, a logística se apresenta como a área que operacionaliza os objetivos estratégicos e comerciais das empresas. Para que você possa entender melhor o que é a logística, é necessário, primeiramente, conhecer outros conceitos que permearão os demais capítulos deste livro.

» Ao final deste capítulo, você, leitor, será capaz de identificar os componentes da logística e suas inter-relações com outras áreas das empresas.

» Evolução histórica e conceituação da logística

Desde as primeiras civilizações, a logística já era parte do cotidiano da sociedade. Os fenícios, os gregos e, posteriormente, os romanos possuíam frotas de navios que cruzavam o Mediterrâneo, transportando produtos entre seus portos.

No entanto, foi somente após a Segunda Guerra Mundial que a logística passou a ser entendida como uma atividade específica e de grande importância. Com o fim desse conflito, os soldados retornaram à vida civil, levando consigo e disseminando entre as empresas certos conceitos originados no exército: **tática**, **estratégia** e **logística**. A princípio, a logística era vista de forma limitada, como no caso do conceito de 1948 da American Marketing Association: movimentação e manutenção de mercadorias, do ponto de produção ao ponto de consumo ou de utilização (Ballou, 2006).

Por esse conceito, percebemos que a logística, nessa época, praticamente se resumia aos processos de **transporte** e de **armazenagem**.

Com a mudança da economia e a necessidade de se atuar em um mercado mais competitivo, a percepção sobre a logística também mudou, como atesta o conceito apresentado por Plownman na década de 1960, para quem o objetivo da logística consistia em "atingir a coordenação ótima do fluxo de entrada de material, estoque de matéria-prima, desempenho de atividades durante o processo e de embalagem, armazenamento e do fluxo da saída do material" (Bowersox 1989, p. 9).

A inclusão da ideia de "coordenação ótima de fluxos" nos remete à utilização de modelos matemáticos para identificarmos o ponto de operação que forneça o melhor resultado da

operação. As fronteiras da logística também são ampliadas ao acrescentarmos às suas atividades as operações de embalagem e destacarmos os fluxos a montante e a jusante de materiais.

A definição mais atual de *logística* vem do Council of Supply Chain Management Professionals (CSCMP, 2013):

> *O processo de planejar, implementar e controlar procedimentos para o transporte e estocagem eficientes e eficazes de bens, incluindo serviços e informações relativas, do ponto de origem ao ponto de consumo com o propósito de atender às necessidades do cliente. Essa definição inclui embarque, desembarque, movimentos internos e externos.*

Com isso, percebemos a complexidade dessa definição e das atividades que a logística absorveu. Ao se fazer referência aos processos de **planejar, implementar** e **controlar**, impõe-se à área uma visão administrativa e estratégica. As ideias de **eficiência** e **eficácia** reforçam a necessidade de que os procedimentos sejam seguidos corretamente e, sempre que possível, aprimorados. A logística também inclui os serviços e informações relativas ao processo de **entrega** do bem, como a perfeita identificação do produto e a quantidade a ser entregue, a data e o local de entrega, o monitoramento e a rastreabilidade do processo. A referência às **necessidades dos clientes** corresponde

à importância mercadológica da logística. Por fim, os processos citados na última frase da definição não agregam valor ao produto, apenas custos, devendo, portanto, ser alvo de otimização por parte dos gestores. É essa definição que serve de base a este trabalho.

Então, ao nos referirmos à logística, estamos considerando a série de atividades envolvidas no processo que abrange desde o fornecedor, que extrai ou produz a matéria-prima básica do produto acabado, passando por todos os estágios de produção que a transformarão em um produto acabado e por todos os canais responsáveis por fazer com que este chegue ao cliente final. Por exemplo, no caso da indústria automobilística, a logística realiza a ligação entre as atividades que envolvem desde a extração de minério de ferro que dará origem ao aço até a concessionária responsável pela venda e pela entrega do veículo ao consumidor final.

» Atividades logísticas

A seguir, apresentamos as atividades que compõem a logística e que serão detalhadas nos próximos capítulos:

a. **Transportes** – Como vimos anteriormente, o transporte muitas vezes é confundido com a própria logística, por ser a parte mais significativa do processo. Consiste em movimentar materiais de sua origem até o seu destino, utilizando um único meio ou a combinação de vários, por exemplo, caminhões para transporte até o porto, onde os produtos são embarcados em navios que os levarão até o porto de destino, local em que novamente são utilizados caminhões para a entrega ao destinatário final.

b. **Manutenção de estoques** – Consiste em identificar os itens que devem ser estocados, em que quantidades e seus intervalos de reposição.
c. **Processamento de pedidos** – É o recebimento e a análise dos pedidos dos clientes, a separação e a expedição dos itens que compõem o pedido.
d. **Compras** – Consiste em adquirir no mercado fornecedor tudo o que não seja possível ou interessante de se produzir dentro da empresa. Essa atividade também engloba a pesquisa de novos materiais, o desenvolvimento de fornecedores e as negociações de contratos.
e. **Embalagem e unitização** – Os objetivos da embalagem são proteger o produto e facilitar seu manuseio, movimentação, armazenagem e transporte, além de informar as características do produto e chamar a atenção do consumidor. A unitização consiste em reunir várias unidades de produto ou embalagens em um volume maior.
f. **Armazenagem** – É um conjunto de processos que visam guardar os produtos, para que sua integridade seja preservada e ocupem o espaço disponível da melhor forma possível.
g. **Manuseio e movimentação de materiais** – Visam garantir o fluxo interno de materiais, tornando os custos dessa atividade os menores possíveis, com a utilização de força humana ou motorizada.
h. **Manutenção de informações** – Visa garantir que os cadastros de materiais, de fornecedores e de clientes estejam sempre atualizados, para que a qualidade do serviço seja sempre a mais alta possível. Inclui a utilização de *softwares* específicos, como WMS e TMS.

Essas atividades estão inter-relacionadas e devem ser alinhadas com os objetivos organizacionais, de forma a garantir os melhores resultados possíveis.

» Recursos

Os recursos englobam tudo o que uma empresa necessita para realizar suas operações. Dessa maneira, podemos classificá-los como:

a. **Recursos financeiros** – São necessários para que a empresa honre suas obrigações com seus parceiros, originadas a partir do recebimento de materiais ou de serviços. Por exemplo, fornecedores de matérias-primas, concessionárias de energia, impostos e sindicatos.

b. **Recursos materiais** – São os recursos físicos necessários para a operação da empresa. Podemos subdividi-los em:
   - » **Materiais diretos** – São todos os materiais que farão parte do produto final, como matérias-primas, componentes ou subconjuntos adquiridos de terceiros. Por exemplo, em uma indústria automobilística, adquirem-se chapas de aço (matéria-prima) para a produção de carrocerias e amortecedores (componente) para a montagem dos veículos.
   - » **Materiais indiretos** – São aqueles necessários para a execução das diversas atividades da empresa, mas que não compõem o produto final. Por exemplo, máquinas e suas peças de reposição, material de informática, produtos de higiene e limpeza.

c. **Recursos humanos** – São as pessoas que executam as diversas atividades da empresa.

d. **Recursos tecnológicos** – Correspondem a toda a tecnologia utilizada na execução das atividades, como computadores e *softwares*, máquinas operatrizes, utilidades e sistemas de comunicação.

e. **Recursos intelectuais** – É a capacidade que a empresa tem para produzir soluções de processos e produtos que atendam às necessidades dos clientes internos e externos.

Neste livro, enfocamos, principalmente, os recursos materiais e os recursos tecnológicos relacionados à logística. Seja em uma indústria, seja em uma empresa prestadora de serviços, esses recursos podem ser **transformadores** ou **transformados**, isto é, são utilizados na produção de um bem ou na execução de um serviço ou transformam-se eles próprios nos bens ou são consumidos nos serviços, conforme a visão sistêmica, representada na Figura 1.1.

» **Figura 1.1:** Sistema produtivo

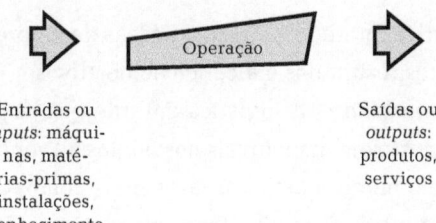

Entradas ou *inputs*: máquinas, matérias-primas, instalações, conhecimento

Saídas ou *outputs*: produtos, serviços

Seja na **entrada** (ou *input*, ou **fluxo a montante**), seja na **saída** (ou *output*, ou **fluxo a jusante**), a logística está presente, conforme detalhamento que apresentamos ao longo deste livro. Os termos *montante* e *jusante* têm origem na geografia e indicam, respectivamente, a nascente e a foz de um rio; assim, na logística, significam a **origem** e o **destino** do fluxo de materiais.

Os recursos materiais podem, ainda, ser divididos em:
a. **Recursos transformados (materiais)** – São aqueles que são tratados, convertidos ou transformados de alguma forma: matérias-primas, clientes, informações.
b. **Recursos de transformação (patrimoniais)** – São aqueles que agem sobre os recursos transformados: máquinas operatrizes, equipamentos auxiliares, instalações de utilidades (eletricidade, água, ar condicionado etc.).

Essas classificações de recursos são importantes para definirmos a forma de gestão a que estarão sujeitos. Neste livro, tratamos, fundamentalmente, de recursos materiais transformados, que passam pelos processos de estocagem, movimentação, transporte e armazenagem.

» Relação da logística com outras áreas da empresa

A logística interage com outras áreas da empresa na busca por melhores resultados e alcance de objetivos:
a. **Com o *marketing*** – A logística garante que os produtos oferecidos estejam disponíveis nos pontos de venda e, ao fazer isso pelo menor custo, torna-os mais competitivos. Além disso, identifica a melhor forma de realizar a distribuição e assegura que os prazos de entrega sejam cumpridos.
b. **Com as finanças** – Garante que os produtos permaneçam no estoque o menor tempo possível (giro de estoque), define políticas de investimento (renovação de frotas, compra de novos equipamentos, *softwares* de gestão) e reduz os custos operacionais.

c. **Com a produção** – Garante a disponibilidade de recursos, reduzindo o risco de uma interrupção da produção, e o controle das operações, evitando desperdícios.
d. **Com os recursos humanos** – Define a política de recrutamento, traçando o perfil adequado dos profissionais que se busca, além de estruturar uma política de formação e treinamento de pessoal que assegure a atualização em novas técnicas e ferramentas aplicadas à própria logística.

Todas essas áreas, de forma direta ou indireta, estão envolvidas nos conteúdos dos capítulos deste livro, bem como no dia a dia da empresa, quando se utilizam ferramentas de tomada de decisão, quando se traçam objetivos de curto prazo (questões cotidianas, como o roteiro de entregas, até o período de um ano, e a definição de produtos que serão armazenados em cada época do ano e em que níveis) ou de longo prazo (acima de três anos, como a definição da localização e da capacidade de um novo centro de distribuição) e quando se estruturam as operações logísticas.

» Cadeia de suprimentos

Com o aumento da complexidade da concorrência econômica, que na atualidade é mundial, e não mais local, surgiu a necessidade de se aprofundarem os relacionamentos entre as empresas, para garantir sua posição estratégica e melhorar a eficiência de suas operações.

Primeiramente, devemos definir **cadeia de valor**, conceito criado por Porter (1989): conjunto de atividades de uma empresa, que atuam de forma coordenada para alcançar um objetivo, chamado de *margem* pelo referido autor. Essas atividades são divididas em dois grupos, conforme mostramos na Figura 1.2: as **atividades primárias**, que são as atividades relacionadas diretamente ao negócio da empresa, e as **atividades de apoio**, que dão sustentação e fornecem serviços às atividades primárias.

Na Figura 1.2, identificamos ainda quatro atividades de apoio (infraestrutura da empresa, gerência de recursos humanos, desenvolvimento e tecnologia e compras) e cinco atividades primárias (logística interna, operações, logística externa, *marketing* e vendas e serviços). Dessas nove atividades, três são eminentemente atividades logísticas: compras, logística interna e logística externa. Essa divisão confere à logística uma importância fundamental para o alcance dos objetivos empresariais.

» **Figura 1.2:** Cadeia de valor

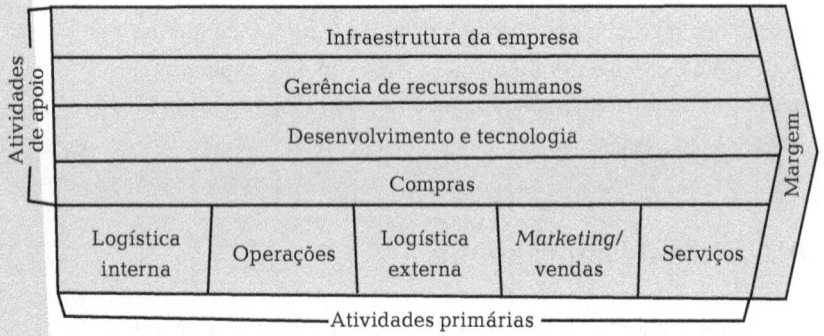

Fonte: Porter, 1989, p. 35.

A cadeia de valor de uma empresa relaciona-se com as cadeias de valor de outras empresas, garantindo-se, com isso, os fluxos de informação e de materiais. Quando se define uma margem (ou objetivo) comum a todas essas empresas, que as conduza a um ambiente de colaboração, temos uma **cadeia de suprimentos**.

Assim, podemos entender a cadeia de suprimentos como o conjunto de todas as partes envolvidas (fornecedores, fabricantes, distribuidores, varejistas, clientes finais), chamadas de **elos**, e seu relacionamento no desenvolvimento das atividades funcionais e logísticas no canal pelo qual as matérias-primas são convertidas em produtos acabados até a entrega ao consumidor.

Na Figura 1.3, apresentamos o esquema de uma cadeia de suprimentos, com o fluxo de materiais na direção do fornecedor de matéria-prima ao consumidor e dois fluxos, um de informações e outro financeiro, na direção oposta. O fluxo de informações se caracteriza pelas necessidades ou expectativas do cliente, que são expressas por meio de um pedido de compras, no qual se encontram as especificações, as quantidades, os prazos e os locais de entrega. Já o fluxo financeiro diz respeito ao pagamento da cadeia efetuado pelo cliente.

» **Figura 1.3**: Cadeia de suprimentos

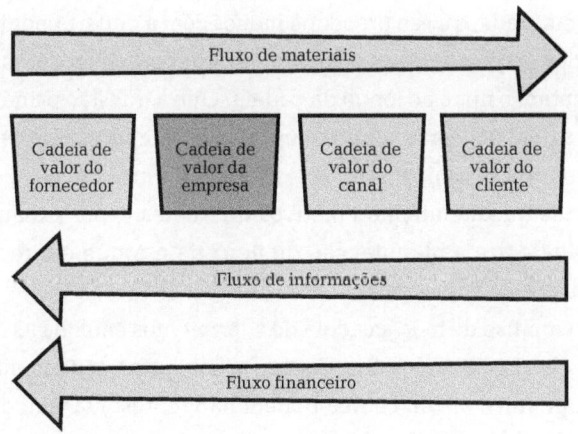

Na Figura 1.4, percebemos a presença do **transporte** como ligação dos elos que compõem a cadeia de suprimentos que tomamos como exemplo (fornecedor de matéria-prima, indústria, distribuidor, varejista), o que reforça o peso que essa atividade tem no processo logístico global.

» **Figura 1.4:** Elos da cadeia de suprimentos

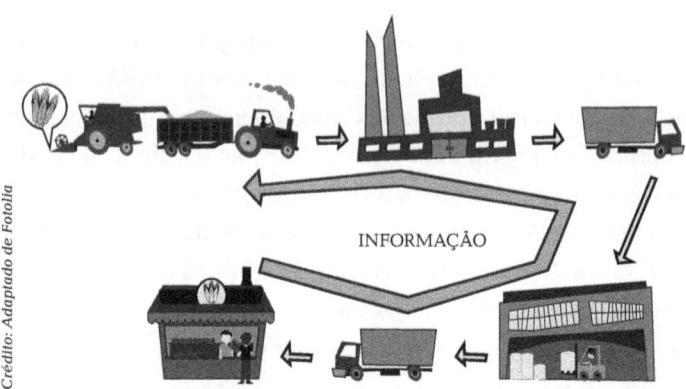

A cadeia de suprimentos, portanto, é baseada em uma gestão integrada, que se preocupa menos com a departamentalização das empresas que a compõem e mais com os processos que garantam o fluxo ao longo da cadeia. Outra questão primordial com a qual devemos nos preocupar é a constante **análise de *trade offs*** ou **trocas compensatórias** – a escolha entre opções contraditórias que atendem a objetivos diferentes –, por exemplo, a escolha entre a manutenção de itens de estoque e a redução de custos de estocagem.

A análise de toda a cadeia de suprimentos engloba as operações de seus diversos elos. Assim, as melhoras implementadas em um único elo da cadeia podem não representar um ganho para a cadeia como um todo. As mudanças devem trazer ganhos (de custos, qualidade, rapidez etc.) para toda a cadeia. Para isso, devemos considerar três fatores (Dornier et al., 2000):

1) **Colaboração** – Uma vez que a competição passa a ocorrer entre cadeias de suprimentos e não mais entre empresas, a colaboração entre os elos da cadeia é imprescindível para o aumento da competitividade global. Essa colaboração se faz por meio de trocas interorganizacionais de informações (previsões de demanda, políticas de produção etc.), de tecnologias (desenvolvimento conjunto de produtos, de processos e de soluções de tecnologia da informação) e de riscos (retornos sobre investimentos, respostas do consumidor etc.). Por exemplo, temos a cadeia de suprimentos da indústria automobilística, na qual os planejamentos de produção, os fluxos de materiais e o desenvolvimento de produtos, processos e tecnologias são realizados de forma conjunta por montadoras e fornecedores.

2) **Extensão da empresa** – O controle gerencial extrapola as fronteiras da empresa, que passam a ser incertas. O compartilhamento de informações permite que haja uma cogestão de certas áreas da cadeia, como o gerenciamento conjunto dos estoques de matérias-primas pelos fornecedores e pela indústria. Outra questão diz respeito à especialização dos elos, que faz com que certas decisões sejam tomadas pelo elo que tem maior conhecimento na área. Por exemplo, o conhecimento do fornecedor de embalagens tem maior peso na definição de suas características.

3) **Serviços integrados** – Na estruturação da cadeia de suprimentos, é necessário identificar quais são as atividades-chave do negócio (também chamadas de *core business*) e quais podem ser repassadas a terceiros que têm maior competência e podem ter melhores resultados. Por exemplo, podemos citar a contratação de operadores logísticos que realizem a distribuição do produto acabado aos pontos de venda.

»» Estudo de caso

O proprietário da Transportadora KLJ Ltda. pretende alterar o nome da empresa para KLJ Logística Ltda. Ele vê nessa mudança uma possibilidade de ampliar seu mercado, em virtude do impacto da palavra *logística* para seus clientes. A empresa oferece os serviços de coleta de cargas e entregas, mas o proprietário não planeja ampliar esse leque de serviços. A mudança do nome da empresa é adequada aos serviços prestados?

Ao longo deste capítulo, apresentamos os conceitos de *logística*, que mostram a abrangência dessa área. Assim, pelo tipo de serviço prestado pela empresa KLJ, não é adequado colocar a palavra *logística* em seu nome, uma vez que continua sendo oferecido apenas o serviço de transportes. A empresa deveria ampliar o leque de serviços oferecidos, passando a englobar armazenagem, processamento de pedidos, recebimento, unitização etc.

» Síntese

Neste capítulo, apresentamos os conceitos e a classificação dos **recursos** necessários para que uma empresa alcance seus objetivos, em especial os recursos materiais, transformadores e transformados, objetos da gestão logística.

Conceituamos **logística** de acordo com o Council of Supply Chain Management Professionals (CSCMP, 2013), mostrando a complexidade da área.

Além disso, listamos as **atividades** que compõem a logística, com uma breve descrição de seus objetivos: transportes, manutenção de estoques, processamento de pedidos, compras,

embalagem, armazenagem, manuseio e movimentação de materiais, manutenção de informações.

Também definimos **cadeia de suprimentos**, partindo do conceito de **cadeia de valor** de Porter (1989), apresentando os relacionamentos entre fornecedores, fabricantes, distribuidores e varejistas, com o objetivo de alcançar um objetivo, a **margem** da cadeia de suprimentos. Os fatores que devem ser observados na construção e na gestão da cadeia de suprimentos são: a colaboração entre os elos da cadeia; a extensão da empresa, que atualmente se tornou mais difusa e permite a gestão conjunta dos elos de algumas atividades; e os serviços integrados, executados pelos elos especializados da cadeia de suprimentos.

» Questões para revisão

1) Classifique os recursos materiais a seguir:
    a. Chapas de aço em uma indústria metalúrgica.
    b. Cartuchos de tinta para impressora.

2) Como a atividade logística de processamento de pedidos se alinha à área de produção?

3) Sobre a cadeia de suprimentos, podemos afirmar:
    a. É uma estrutura preocupada exclusivamente com o fluxo de materiais, do fornecedor de matéria-prima ao cliente final.
    b. É um conjunto de partes envolvidas que se relacionam para atender ao cliente final.
    c. É um relacionamento voltado apenas para a gestão do fluxo de informações que vêm do cliente em direção ao fornecedor.

d. Não apresenta vínculo com a área de logística.
e. Visa apenas coletar informações do mercado fornecedor.

4) (Cesgranrio – 2013 – Petrobras) Dentro da moderna definição de Logística, podemos considerar que os fluxos de informação, materiais e de dinheiro estão incorporados.

Dentre esses fluxos qual(is) se origina(m) no fornecedor?
a. Apenas informação.
b. Apenas materiais.
c. Dinheiro e materiais.
d. Informação e materiais.
e. Informação e dinheiro.

5) Pensando na integração dos processos logísticos com outras atividades organizacionais, marque a opção em que o termo estabelece uma relação direta entre a logística e as atividades de *marketing*:
a. Produto.
b. Promoção.
c. Praça.
d. Preço.
e. Não há relação entre as atividades logísticas e o *marketing*.

» Questões para reflexão

1) Considere a necessidade de crescimento econômico do Brasil para os próximos anos e o papel da logística para se alcançar esse objetivo.

2) Analise a relação entre a logística e o *marketing* em uma empresa que está lançando um novo produto.

》》 Para saber mais

Para aprofundar seus conhecimentos sobre os assuntos abordados neste capítulo, sugerimos a consulta a este *site*:

CSCMP – Council of Supply Chain Management Professionals. Disponível em: <http://www.cscmp.org>. Acesso em: 30 out. 2014.

》》 Perguntas & respostas

De acordo com o conceito de cadeia de valor de Porter, em que atividades a logística está presente?

A logística está presente em três atividades da cadeia de valor de Porter: nas atividades básicas de logística interna, responsável pela estocagem e movimentação de materiais necessários à operação; na logística externa, responsável pela distribuição do produto acabado; e na atividade de apoio *compras*, responsável pela aquisição de materiais e serviços necessários à empresa.

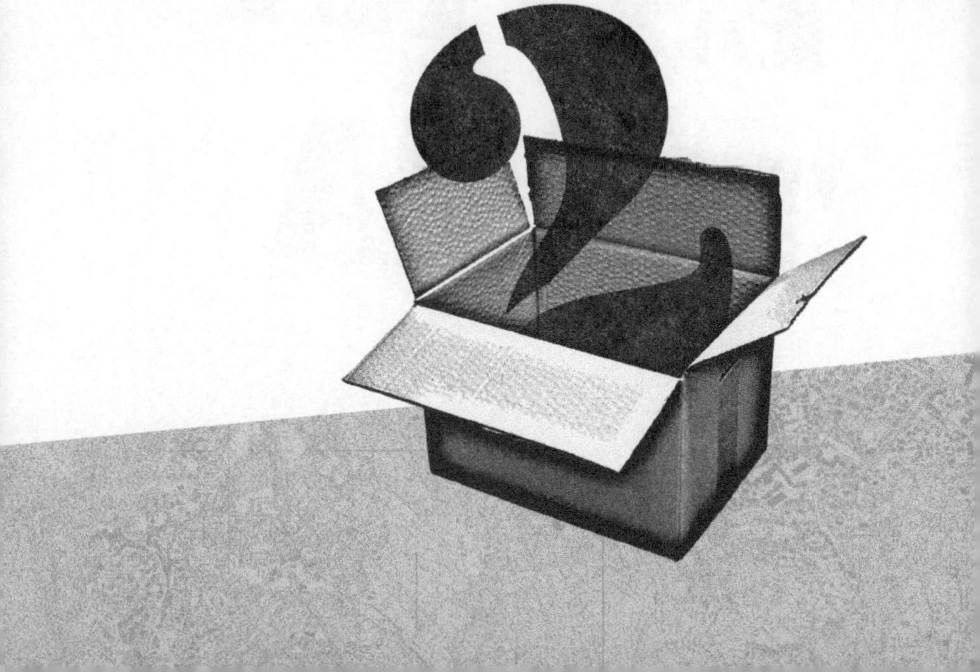

LOGÍSTICA E ESTRATÉGIA

››› Conteúdos do capítulo

» No capítulo anterior, apresentamos a conceituação de *logística*, as atividades que a compõem e seu relacionamento com outras áreas administrativas de uma empresa. Neste capítulo, discutimos a relação da logística com a estratégia empresarial e como a logística atua para atingir os objetivos de longo prazo estabelecidos pela direção da empresa.

» Ao final do capítulo, você, leitor, será capaz de escolher uma estratégia logística mais adequada para um determinado tipo de negócio, bem como identificar uma cadeia de suprimentos e classificá-la quanto aos seus objetivos, além de entender que cadeias são o novo formato de concorrência empresarial.

» Estratégia

Entendemos por **estratégia** o processo pelo qual os planos (conjunto de ações) são formulados para que a empresa alcance seus objetivos de longo prazo. Esse processo envolve a avaliação das necessidades, forças e fraquezas da organização e das oportunidades e ameaças dos principais componentes da cadeia (clientes, fornecedores, concorrentes e a própria empresa), bem como a análise de quando considerar estratégias não convencionais (Ballou, 2006).

Como vimos no Capítulo 1, a logística tem adquirido importância nas últimas décadas, tornando-se uma atividade fundamental para a execução das estratégias de uma empresa. Do ponto de vista econômico, os custos logísticos, compostos pelas atividades de transportes, estoques, armazenagem e atividades administrativas relativas, significaram, em 2012, 11,5% do Produto Interno Bruto (PIB) brasileiro. No mesmo período, nos Estados Unidos, representaram 8,7% do PIB. Com base em dados da pesquisa do Instituto de Logística e Supply Chain (Ilos), temos, no Gráfico 2.1, a comparação da composição dos custos logísticos do Brasil e dos Estados Unidos, considerando-se o ano de 2014.

» **Gráfico 2.1:** Composição do custo logístico

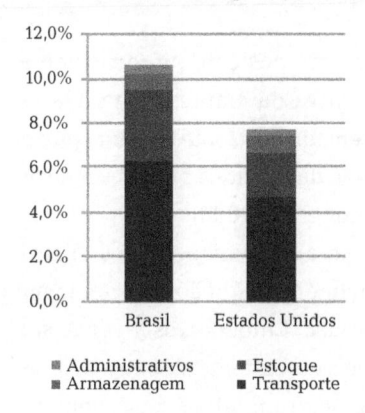

[Gráfico de barras comparando Brasil e Estados Unidos, com categorias: Administrativos, Armazenagem, Estoque, Transporte]

Fonte: Adaptado de Ilos, 2014.

Outros levantamentos mostram que a logística representa entre 4% e 30% do faturamento das empresas (FDC, 2012). A contribuição da logística para o alcance dos objetivos empresariais envolve a **geração de receita**, ao disponibilizar o produto ao cliente, e o **aumento do lucro**, ao se procurar realizar seus processos ao menor custo possível, sem perda de qualidade.

As empresas buscam alcançar uma **vantagem competitiva**, ou seja, uma diferenciação aos olhos do cliente, que pode ser por custo, por flexibilidade ou por qualidade. A logística é um vetor de vantagem competitiva, ao oferecer ao cliente um atendimento no menor tempo possível e no local acordado, garantindo a integridade do produto, ao menor custo possível.

» Objetivos estratégicos da logística

A estratégia visa alcançar uma posição que ocasione a consolidação da posição competitiva da empresa e atenda às expectativas dos consumidores em um horizonte de longo prazo. Assim, os objetivos de longo prazo da logística podem ser agrupados em três categorias (Dornier et al., 2000):

1) **Redução de custos** – Busca-se a minimização dos custos variáveis, associados à movimentação e à armazenagem, sem se alterar o nível de serviço. Entendemos *nível de serviço* como a possibilidade de se atender aos pontos acordados com o cliente, sem que ocorram falhas; por exemplo: escolha de localização de armazéns ou seleção de modais de transportes.
2) **Redução de capital** – Consiste em minimizar o nível de investimento no sistema logístico, por exemplo, ao se embarcar a mercadoria diretamente para o cliente, evitando-se despesas de armazenagem que oneram as operações.
3) **Melhoria de serviços** – As receitas dependem do nível de serviço logístico. A estratégia é desenvolvida em comparação com os níveis oferecidos pela concorrência (*benchmarking*).

Uma empresa pode, assim, traçar suas metas de longo prazo, como a combinação desses objetivos que mencionamos, mas sempre haverá um deles que prevalecerá sobre os outros, dependendo do tipo de produto e das necessidades dos clientes em relação ao serviço.

» Níveis de planejamento da logística

Da mesma forma que qualquer outra atividade empresarial, a logística também apresenta três níveis de planejamento de acordo com o período de tempo considerado, **longo (estratégico)**, **médio (tático)** ou **curto (operacional)**, conforme mostra o Quadro 2.1, que relaciona os níveis hierárquicos envolvidos e as atividades desempenhadas.

» **Quadro 2.1:** Planejamento em logística

	Níveis		
	Estratégico	Tático	Operacional
Horizonte	Longo prazo (maior que um ano)	Médio prazo (um ano)	Curto prazo (até um mês)
Nível hierárquico	Alta direção	Gerência	Supervisão
Atividades	Quantidade de armazéns e localização de novas instalações; seleção de modos de transportes.	Política de estoques, identificação de sazonalidades, seleção de fornecedores.	Roteirização, quantidade e períodos de reabastecimento de estoques, liberação de pedidos.

Fonte: Adaptado de Ballou, 2006, p. 53.

O planejamento estratégico é afetado por fatores externos (exógenos) e por fatores internos (endógenos). Os fatores externos são incontroláveis, mas devemos avaliar seus impactos e definir ações para minimizá-los (caso de ameaças) ou utilizá-los (caso de oportunidades). Entre os **fatores exógenos**, estão os

econômicos (crescimento, inflação, emprego), os **regulatórios**, os **tecnológicos** (máquinas, informática, materiais) e os **competitivos** (concorrentes, consumidores). Entre os regulatórios, podemos citar as ações do Instituto Nacional de Metrologia, Qualidade e Tecnologia (Inmetro), relacionado à questão de padrões de pesos e medidas, e da Agência Nacional de Vigilância Sanitária (Anvisa), que regula produtos e serviços relacionados a questões de saúde, prefeituras etc.

Entre os **fatores internos** ou **endógenos**, que são variáveis sob controle da empresa, estão a capacidade instalada de produção, os volumes de estoques e os tempos de processos.

Com essas duas dimensões, construímos os objetivos de longo prazo e definimos quais são os investimentos e melhorias necessários na área operacional para alcançá-los.

» Classificação das estratégias da cadeia de suprimentos

Apresentamos, no primeiro capítulo, o conceito de cadeia de suprimentos. Conforme dissemos, a cadeia de suprimentos busca atingir um objetivo comum, por meio do alinhamento das atividades de várias empresas, chamadas de *elos da cadeia*. Para isso, são traçadas estratégias da cadeia de suprimentos, que podem ser classificadas em dois tipos, segundo a **forma de atendimento à demanda** (Dornier et al., 2000):

1) **Cadeia de suprimentos eficiente** – É a estratégia voltada para a reposição de estoques, independentemente de ocorrer uma solicitação por parte do consumidor. É baseada em volumes (lotes econômicos de produção e de compras, estoques de produtos acabados, grandes embarques, processamento

por lotes) e utiliza ferramentas de previsão de demanda para definir esses volumes. Por exemplo, temos a indústria alimentícia, que precisa ter seus produtos disponíveis no ponto de venda, por meio da reposição de seus estoques de acordo com previsões de demanda.

2) **Cadeia de suprimentos responsiva** – Essa estratégia é voltada para o atendimento individual de pedidos, ou seja, produz-se conforme ocorra solicitação por parte do consumidor da cadeia. A cadeia apresenta um excesso de capacidade instalada, uma vez que não há sistemas de previsão, e procura-se não limitar o número de atendimentos. Por enfocar o atendimento de pedidos, o processo deve ser flexível para absorver a entrada de novos pedidos, com exigências de tipo de produto, quantidade e/ou prazos de entrega que exijam uma alteração na programação de produção. O transporte é diferenciado, uma vez que a entrega também será processada de forma individual. Por exemplo, temos os fabricantes de aeronaves, que somente iniciam a produção após a confirmação da compra pelo cliente.

A adoção de uma estratégia eficiente ou responsiva também pode estar relacionada à **fase de vida** em que um produto se encontra. No Gráfico 2.2, mostramos as fases da vida de um produto.

No momento de seu lançamento, a demanda é imprevisível, pela falta de dados históricos que possibilitem sua previsão e de acurácia das pesquisas de mercado. Nessa fase, trabalha-se com uma capacidade em excesso, procurando se adequar ao comportamento da demanda para evitar riscos de formação de estoques além da necessidade ou riscos de escassez, não se conseguindo atender à demanda.

Por outro lado, na maturidade do produto, o comportamento de sua demanda é conhecido, o que permite fazer previsões mais precisas e melhor gestão dos estoques.

» **Gráfico 2.2:** Ciclo de vida do produto

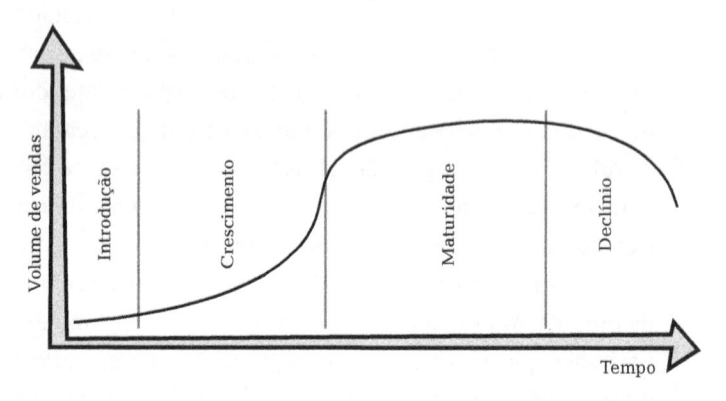

[Gráfico: eixo vertical "Volume de vendas", eixo horizontal "Tempo", com as fases Introdução, Crescimento, Maturidade e Declínio]

Fonte: Bowersox; Closs, 2001, p. 68.

Quanto à **capacidade de resposta ao cliente**, ou seja, à flexibilidade que a empresa demonstra para atender às necessidades dos clientes, podemos dividir as estratégias em três tipos, conforme Dornier et al. (2000):

1) **Antecipatória** – Nesse caso, as informações sobre o comportamento do consumidor não estão disponíveis, sendo baseadas em previsões de demanda. Apresenta altos níveis de estoques e custos, bem como riscos grandes. É utilizada para bens de consumo, como produtos alimentícios e vestuário. Assim, a sequência de operações é: previsão de demanda, compras de matérias-primas e componentes, produção, armazenagem de produtos acabados, venda e entrega. Os bens de consumo seguem essa lógica.

2) **Tempo de resposta** – Essa estratégia elimina a necessidade de previsões, uma vez que se produz a partir do recebimento do pedido do cliente. Portanto, são cadeias nas quais o cliente tem uma tolerância à espera, como no caso de máquinas industriais sob encomenda ou de produtos importados sob demanda. Essa estratégia exige um planejamento conjunto dos integrantes da cadeia de suprimentos, com forte utilização de ferramentas de informação, e acarreta redução de estoques e de custos globais da cadeia. Assim, a sequência da operação é: recebimento do pedido do cliente, compra de matéria-prima e componentes, produção e entrega.

3) **Adiamento ou *postponement*** – Ocorre a postergação da produção ou de etapas da produção até o momento em que se deve realizar a entrega ao cliente. Essa estratégia é um misto das duas anteriores: apresenta uma redução de riscos antecipatórios, mas não há como fazer um planejamento conjunto. Pode ser subdividida em dois tipos:

   a. No **adiamento de produção**, as etapas da produção somente são efetuadas após especificação ou solicitação do cliente. Assim, produzem-se itens básicos conforme a economia de escala, deixando-se para depois etapas de acabamento. Por exemplo, em uma produção de impressoras, os diversos componentes do equipamento são produzidos e armazenados, esperando-se pela solicitação de embarque para que se executem a montagem e a embalagem.

   b. No **adiamento geográfico**, produzem-se e estocam-se produtos em locais estratégicos, mais próximos dos clientes. Enfocam-se produtos padronizados que receberam alguma transformação nesses pontos próximos aos clientes quando do recebimento dos pedidos.

Mantém-se a economia de escala da produção do produto básico e permite-se uma diferenciação, ou que o acabamento seja realizado próximo ao cliente. Por exemplo, na indústria de tintas imobiliárias, pode-se produzir apenas tinta branca, deixando que os pigmentos sejam adicionados no ponto de venda, de acordo com a cor escolhida pelo cliente.

Dessa forma, podemos resumir a gestão da cadeia de suprimentos como sendo uma **função multidimensional**, composta de (Dornier et al., 2000):

a. **Coordenação interfuncional** – É necessário garantir que todas as atividades da empresa busquem alcançar os objetivos estratégicos.
b. **Coordenação interorganizacional** – Deve-se garantir que todos os elos trabalhem na busca dos objetivos organizacionais da cadeia de suprimentos.
c. **Coordenação das atividades e processos logísticos** – Deve-se garantir que os fluxos de materiais, serviços e informações ao longo da cadeia sejam executados de acordo com o planejamento conjunto realizado com os elos da cadeia e, eventualmente, realizando-se a cogestão de certas atividades, por exemplo, gerenciando-se o estoque de matéria-prima em conjunto com o fornecedor.

Assim, por meio dessas coordenações, busca-se alcançar os objetivos globais da cadeia, e não apenas os objetivos individuais de cada elo.

» Nível de serviço

Toda e qualquer cadeia de suprimentos visa ao atendimento das necessidades de seus consumidores. No caso da logística, que é eminentemente um serviço ao cliente, procura-se a diferenciação do que é oferecido ao cliente, com o intuito de se manter sua fidelidade, bem como aumentar o volume de vendas e o lucro. Esse serviço apresenta três elementos, ou vetores, percebidos pelo cliente: **custo**, **qualidade** e **serviço**.

Para que se possa assumir compromissos com o cliente e acompanhar o quanto se está cumprindo do acordado, temos o **nível de serviço**. O nível de serviço é uma meta de desempenho fixada pela gestão, que indica o índice de acerto que se pretende manter e, consequentemente, o risco de ocorrer uma falha. Por exemplo, se o gestor determina que o nível de serviço quanto ao prazo de entrega deve ser de 98%, resulta disso que há um risco de 2% de não se realizar a entrega dentro do prazo prometido.

Esse nível é determinado pela análise da estrutura logística, bem como por ferramentas estatísticas que nos permitem formar uma ideia clara dos pontos passíveis de falha, bem como de ameaças externas que comprometam o desempenho. Ao realizarmos uma análise de nível de serviço *versus* custos operacionais, conforme apresentamos no Gráfico 2.3, percebemos a impossibilidade de haver um nível de serviço de 100%, pois, uma vez que a curva é uma função exponencial, o custo sobe muito rapidamente quando se aproxima de 100%, além do fato de que não é possível eliminar todos os riscos que podem levar a uma falha da operação.

» **Gráfico 2.3:** Nível de serviço *versus* custos operacionais

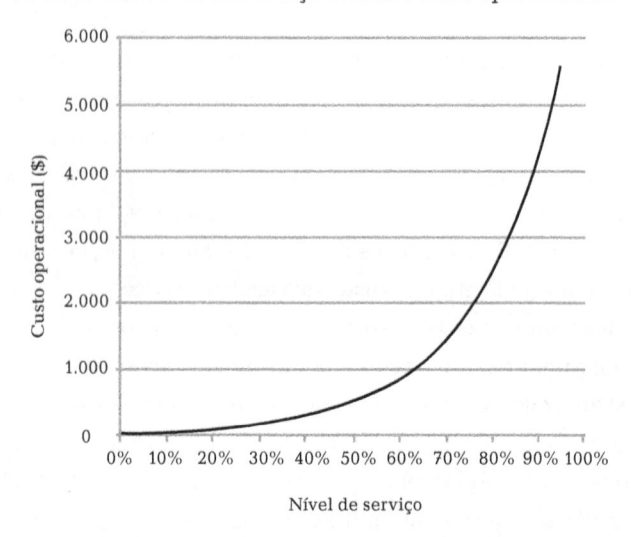

[Gráfico: Custo operacional ($) no eixo vertical (0 a 6.000) versus Nível de serviço no eixo horizontal (0% a 100%), mostrando curva exponencial crescente.]

Outra constatação que podemos fazer é que o aumento do nível de serviço implica um aumento muito maior do custo do que o ganho incremental do próprio nível. Por exemplo, suponhamos que se deseja aumentar o nível de serviço de 80% para 90%, com base no Gráfico 2.3. Esse ganho de 10 pontos percentuais significa um aumento do custo de aproximadamente $ 2.400,00 para $ 4.200,00, ou seja, um aumento percentual de 75%. Para que ocorra um aumento do nível de serviço sem que haja um aumento significativo do custo operacional, devemos alterar o processo de trabalho, como mostramos no Gráfico 2.4.

» **Gráfico 2.4**: Mudança de processo

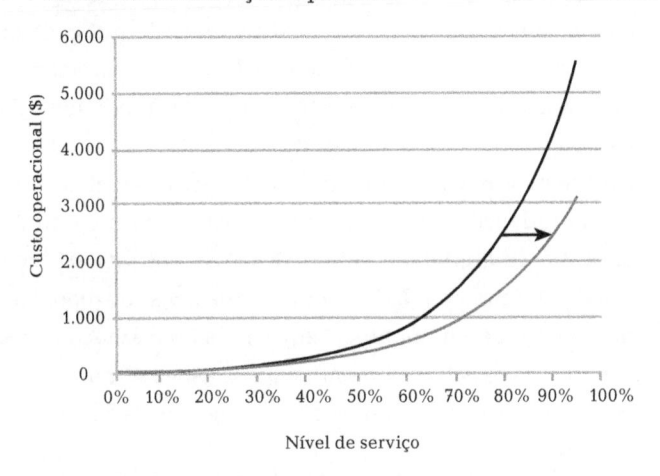

■ Custo operacional ■ Custo operacional após alterações

Tomando o conceito dos 4 Ps – preço, produto, promoção e praça –, é neste último que a logística realiza sua intersecção com o *marketing*, na forma da **distribuição física**. Essa distribuição garante que o produto esteja no lugar certo, na quantidade correta e no momento necessário. Portanto, é nessa atividade logística que se enfoca com mais intensidade a definição do nível de serviço.

Os elementos do serviço ao cliente que influenciam a definição e a medida do nível de serviço são divididos em três categorias, de acordo com o momento em relação ao recebimento do pedido (Ballou, 2006):

1) **Elementos pré-transacionais** – Referem-se às estruturas física, normativa e produtiva já existentes, como compromisso de procedimento, compromisso de entrega aos clientes, estrutura organizacional, flexibilidade do sistema e serviços técnicos oferecidos.

2) **Elementos de transação** – Relacionam-se à capacidade de se atender ao pedido recebido, como nível de estoque, pedidos em carteira, ciclo de pedido, tempo de transbordo, acurácia do sistema de informação, conveniência de atendimento do pedido e substituição do pedido.
3) **Elementos de pós-transação** – São os serviços oferecidos após a concretização do pedido, como instalação do produto, garantia de qualidade, alterações nos dados da entrega, consertos e reparos, disponibilização de peças de reposição, rastreabilidade do pedido, registro das reclamações dos clientes, necessidade de embalagem especial para transporte e substituição temporária de produtos danificados.

Esses elementos são a base para a elaboração de indicadores de desempenho, assunto que abordaremos em um próximo capítulo.

Para construir uma cadeia de suprimentos adequada ao mercado ao qual a empresa pretende atender, é preciso tomar algumas providências, como definir o perfil do cliente e, se houver perfis diferentes a serem atendidos, segmentá-los conforme suas necessidades específicas. É necessário entender o comportamento de demanda e planejar-se de acordo com ela.

A **estratégia tecnológica** é fundamental para garantir a comunicação entre os elos e o correto tratamento dos dados. Fundamental também é desenvolver **fontes de suprimentos** que garantam os fluxos de materiais de acordo com os prazos, custos e qualidade esperados.

» Desempenho da cadeia de suprimentos

Após a definição das estratégias e das operações da cadeia de suprimentos, o desempenho deve ser mensurado. Para isso, é preciso definir as **métricas**, ou seja, o que será mensurado e como avaliar os resultados.

O **ciclo do pedido** é uma das mais importantes medidas dentro da cadeia de suprimentos. É definido como o prazo decorrido entre o recebimento do pedido do cliente e a entrega do produto no local especificado por ele. Esse ciclo é composto pelas seguintes atividades (Ballou, 2006):

a. **Tempo de transporte** – É o prazo consumido nas diversas movimentações do material, desde a origem até o destino, considerando-se as possíveis paradas intermediárias.
b. **Tempo de transmissão de pedido** – É o prazo entre a emissão do pedido pelo cliente e o seu recebimento pela cadeia. Com a comunicação via internet, esse tempo tende a ser desprezível.
c. **Tempo de processamento do pedido** – É o prazo consumido na separação dos materiais que compõem o pedido, na sua preparação e disponibilização para expedição.
d. **Tempo de produção** – É o prazo consumido nos processos de transformação das matérias-primas em produto acabado. Caso seja uma cadeia de suprimentos eficiente, esse tempo poderá ser desprezado, uma vez que haverá produtos disponíveis em estoques.

Conforme o tipo de produto, pode haver predominância de um desses quatro tempos, mas todos sempre devem ser considerados no cálculo do ciclo.

>>> Estudo de caso

A KL S.A. prestava serviços de logística dentro de uma unidade de uma montadora e renegociou seu contrato para gerenciar e distribuir peças e acessórios para a rede de concessionários em todo o país. O contrato foi renovado por mais cinco anos. Atualmente, a KL gerencia a armazenagem e a distribuição de peças de reposição para diversas concessionárias. O novo acordo com a montadora, segundo o presidente da KL, baseia-se na experiência da empresa no setor de automóveis, o que possibilitou a criação de uma solução otimizada para a montadora e a sua rede de concessionários.

Essa situação apresenta as características de uma cadeia de suprimentos, ao mostrar uma parceria de longo prazo entre a empresa KL e a montadora, que envolve uma estreita colaboração entre essas duas organizações e o repasse da gestão de algumas atividades da montadora para o prestador de serviços.

>>> Síntese

Neste capítulo, vimos o conceito de **estratégia** e os **objetivos estratégicos** da logística: redução de custos, redução de capital e melhora de serviços. Também apresentamos os **tipos de estratégias** da cadeia de suprimentos: cadeia de suprimentos eficiente, voltada para a reposição de estoques, e cadeia de suprimentos responsiva, voltada para o atendimento de pedidos.

O **serviço ao cliente** é o ponto focal da cadeia de suprimentos e é dividido em três categorias: elementos pré-transacionais, elementos de transação e elementos de pós-transação.

» Questões para revisão

1) Identifique se as cadeias de suprimentos a seguir são eficientes ou responsivas:
   a. Derivados de petróleo.
   b. Máquinas especiais sob projeto.
   c. Roupas industrializadas.

2) A empresa DFG Ltda. atua na área de distribuição de bens de consumo. Atualmente, seu nível de serviço é de 97%. A diretoria deseja que o nível de serviço aumente para 98% e aceita que o custo aumente em R$ 500,00. Com base no gráfico a seguir, verifique se é possível atender às expectativas da diretoria.

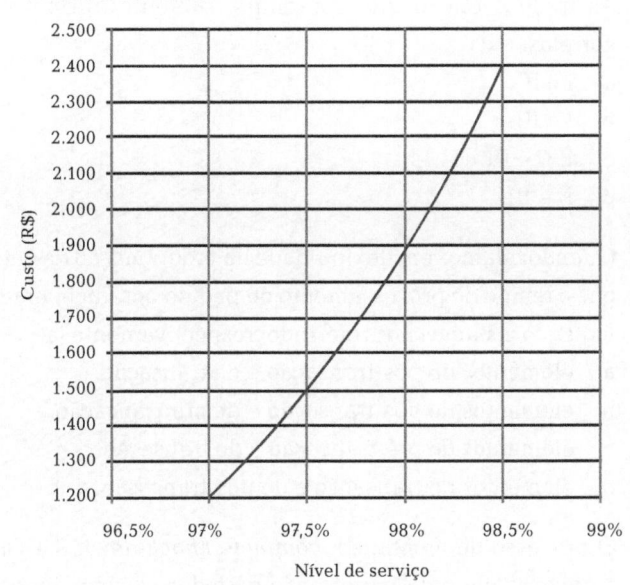

3) (IFRN – 2012) O planejamento logístico busca sempre responder a perguntas como: **o que**, **como** e **quando** visualizando a construção mais adequada desse planejamento. Assim, envolve três níveis organizacionais: **operacional**, **tático** e **estratégico**. Uma das principais diferenças entre eles é o horizonte temporal do planejamento. Com base no exposto, analise as afirmativas que seguem.
   I. Localização de estoques e seleção de modal são decisões de nível estratégico.
   II. Níveis dos estoques de segurança e regras de priorização de pedidos são decisões de nível tático.
   III. Separação de pedidos e despacho são decisões de nível operacional.

   Assinale a opção que contempla somente afirmativas corretas:
   a. I e II.
   b. I e III.
   c. I, II e III.
   d. II e III.

4) Quando falamos em flexibilidade na programação de entregas e tempo de processamento do pedido por um operador logístico, estamos nos referindo, respectivamente, a:
   a. elementos de pós-transação e de transação.
   b. elementos de pós-transação e de pré-transação.
   c. elementos de pré-transação e de transação.
   d. elementos de transação e de pós-transação.

5) O processo de montagem *complete knock-down* (CKD) é caracterizado pela importação de todos os componentes prontos, procedendo-se à montagem do produto no local de destino. Esse procedimento é:

a. uma estratégia de tempo de resposta.
b. uma característica básica de uma cadeia de suprimentos responsiva.
c. uma estratégia tipicamente antecipatória.
d. uma estratégia de adiamento.

❯❯ Questões para reflexão

1) Analise como a operação logística contribui para o objetivo de redução de custos em uma operação de venda de bens de consumo pela internet.

2) Discuta como um fabricante de embalagens de papelão poderia aumentar seu nível de serviços logísticos mantendo o mesmo patamar de custos.

❯❯❯ Para saber mais

Para aprofundar seus conhecimentos sobre os assuntos abordados neste capítulo, sugerimos a leitura do seguinte material:

REVISTA DE LOGÍSTICA DA FATEC CARAPICUÍBA.
Carapicuíba, 2010-2014. Disponível em: <http://www.fateccarapicuiba.edu.br/revistas.php>. Acesso em: 30 out. 2014.

❯❯❯ Perguntas & respostas

Qual é a importância da logística para as operações empresariais?

A logística, pelo conjunto das atividades que a compõem, é fundamental para garantir o abastecimento das linhas produtivas, a movimentação e a armazenagem dos materiais, preservando as características destes e transportando-os até os pontos de consumo ou de venda.

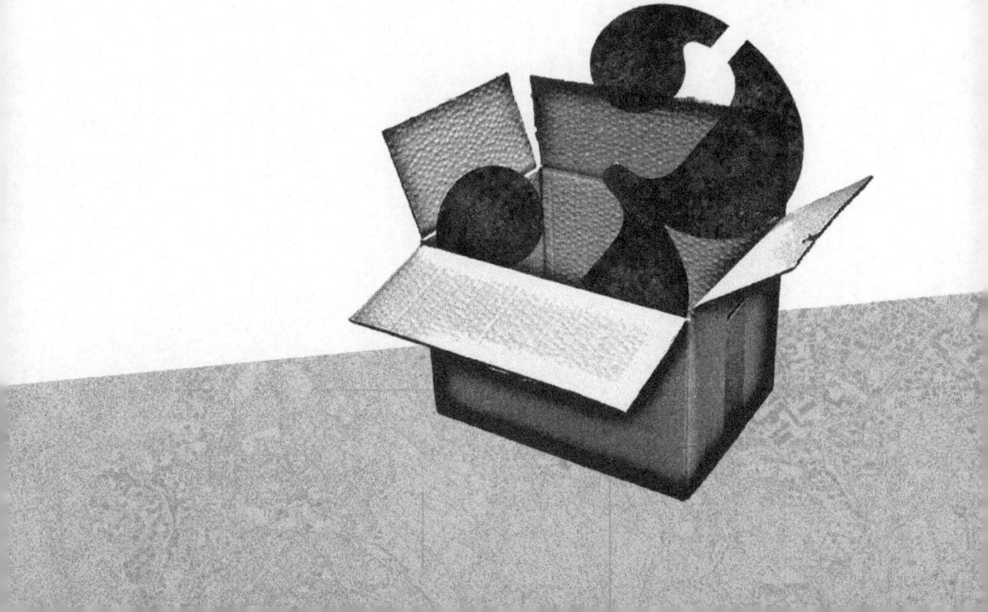

TRANS-
PORTES

»»» Conteúdos do capítulo

» Neste capítulo, apresentamos uma visão dos modais de transportes e um breve panorama do setor no Brasil. Como vimos anteriormente, os transportes são a parte mais significativa dos custos logísticos e realizam a ligação entre os diversos elos da cadeia de suprimentos, garantindo a disponibilidade dos produtos em um ponto mais próximo possível do cliente.

» Neste livro, dividimos o transporte em cinco tipos, conforme suas características operacionais: rodoviário, ferroviário, aquaviário, aéreo e dutoviário. A seguir, descrevemos as características de cada um deles, assim como o conceito de multimodalidade e um breve panorama sobre a situação dos transportes no Brasil.

» Ao final deste capítulo, você, leitor, será capaz de diferenciar as vantagens de cada modal e entender os seus critérios de seleção.

» Modais de transportes

O Brasil apresenta uma matriz de transportes desequilibrada, predominando um viés rodoviário, conforme mostra o Gráfico 3.1, baseado no boletim de novembro de 2013 da Confederação Nacional do Transporte (CNT, 2013).

» **Gráfico 3.1:** Matriz brasileira de transportes (% do total de toneladas × quilômetro útil – TKU)

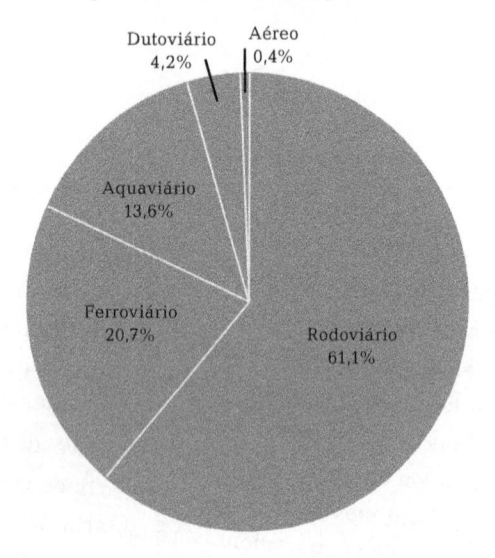

Dutoviário 4,2%
Aéreo 0,4%
Aquaviário 13,6%
Ferroviário 20,7%
Rodoviário 61,1%

Fonte: Elaborado com base em CNT, 2013.

Apresentamos, a seguir, cada um dos modais.

»» Modal rodoviário

A grande participação do transporte rodoviário na matriz brasileira de transportes é resultado de uma série de decisões e fatos ocorridos ao longo do século XX. Para não retroceder muito, consideremos o governo de Washington Luís, na década de 1920. O lema de seu governo era "Governar é construir estradas", o que fez em boa medida; a Rodovia Rio-Santos foi a primeira estrada pavimentada do Brasil, em 1927 (Dnit, 2001).

Na década de 1950, no governo de Juscelino Kubitschek, ocorreu o processo de industrialização do país, que tomou como base a indústria automobilística, forçando a melhoria das estradas existentes e a construção de novas. Nas duas décadas seguintes, sob o regime militar, essa opção se aprofundou com a preocupação da integração nacional, ou seja, conectar o interior do país com os grandes centros localizados no litoral ou próximos a ele. Assim, foram construídas as rodovias Transamazônica, Perimetral Norte – projetada para atender aos estados da Região Norte, mas limitando-se hoje ao Estado de Roraima – e Belém-Brasília, entre outras. Em 1946, foi criado o Fundo Rodoviário Nacional (FRN), com o objetivo de ser o instrumento de financiamento para a construção, a pavimentação e a manutenção das rodovias (Brasil, 2014a).

Na década de 1990, iniciou-se o processo de concessões de rodovias para a iniciativa privada, sendo a primeira a da Ponte Rio-Niterói. Nos anos seguintes, esse movimento ganhou força, principalmente no Estado de São Paulo, com a concessão dos complexos Anchieta-Imigrantes, Anhanguera-Bandeirantes, Castelo Branco-Raposo Tavares e Nova Dutra, entre outros. Na concessão, o Estado permanece como proprietário da estrutura, e a empresa concessionária fica responsável por melhorias e ampliações; o retorno é realizado pela cobrança de pedágios.

O modo rodoviário é adequado principalmente para o transporte de produtos acabados e semiacabados, ou seja, que já tenham um valor agregado. Apresenta a possibilidade de trabalhar tanto com pequenos volumes ou carga fracionada (*less than truckload* – LTL) quanto com carga fechada, ou seja, com sua capacidade máxima destinada a um único cliente (*truckload* – TL).

A frequência de viagens e a disponibilidade dos veículos são altas, o que torna esse modo interessante, em virtude do pouco prazo de espera para expedição da carga. Há restrições de carga quanto a suas dimensões, que não devem ultrapassar as dos veículos, e quanto ao peso, que não deve ultrapassar os limites da capacidade do veículo e os permitidos nas rodovias, por questões de segurança e desgaste prematuro da pavimentação. Em casos em que essas condições não possam ser respeitadas, como nos transportes de grandes máquinas, como turbinas ou transformadores, as cargas são consideradas especiais e estão sujeitas a uma série de regulamentações e normas.

O transporte rodoviário é adequado a curtas distâncias, um máximo de 500 km. É um modo de transporte que apresenta simplicidade no atendimento às demandas, pela flexibilidade de rotas e pela agilidade no acesso à carga. Em comparação com outros modos de transporte, neste há menos manuseio da carga e menor exigência de embalagem, pois a própria estrutura do veículo promove maior proteção dos produtos. É um modo de transporte que permite que a carga seja levada diretamente do ponto de origem ao ponto de destino, sem necessidade do uso de outros meios, além de atuar de forma complementar em relação a outros modos de transporte, possibilitando a existência da multimodalidade ou intermodalidade.

Por outro lado, o custo operacional por unidade de carga é maior do que o de outros modos de transporte. No Brasil, por ser o meio de transporte mais utilizado, é também o responsável pelo escoamento de grande parte da safra agrícola, o que causa, nessas épocas, congestionamentos em estradas e portos. É também um modo de transporte que apresenta baixa produtividade, por causa do desequilíbrio da oferta de carga entre as regiões. Por exemplo, há uma grande oferta de carga das Regiões Sul e Sudeste para a Região Nordeste, mas não no sentido oposto, o que faz com que os veículos retornem com pouca ou, até mesmo, sem nenhuma carga.

Em relação à questão ambiental, o modo rodoviário apresenta elevados níveis de emissão de poluentes atmosféricos, além de poluição térmica pelo calor gerado pelos motores. Apresenta também baixos índices de segurança, pelo envolvimento em acidentes e pela exposição a roubos de carga.

» *Tipos de veículos*

A seguir, apresentamos a classificação de Rodrigues (2007), baseada na finalidade dos veículos:

a. **Caminhão plataforma** – É voltado para o transporte de contêineres e cargas de grande volume ou peso unitário.
b. **Caminhão-baú** – Sua carroceria é fechada e apresenta uma estrutura semelhante à dos contêineres, que protege das intempéries toda a carga transportada.
c. **Caminhão tremonha ou com caçamba** – Destina-se ao transporte de cargas a granel, que são descarregadas por gravidade, pela basculação* da caçamba.
d. **Caminhão aberto** – Destina-se ao transporte de mercadorias não perecíveis e pequenos volumes, por não prover proteção à carga. Em caso de chuva, os caminhões são cobertos com encerados.
e. **Caminhão refrigerado** – Destina-se ao transporte de gêneros perecíveis que necessitam de baixas temperaturas. Semelhante ao caminhão-baú, apresenta mecanismos

- *Basculação é a movimentação de inclinação da caçamba de um caminhão, para que sua carga seja retirada por gravidade.*

próprios para a refrigeração e a manutenção da temperatura no compartimento de cargas.

f. **Caminhão-tanque** – Sua carroceria é um reservatório dividido em tanques e destina-se ao transporte de derivados de petróleo e outros líquidos a granel.

g. **Caminhão graneleiro ou silo** – Apresenta carroceria adequada para o transporte de granéis sólidos. Descarrega por gravidade, por meio de portinholas que se abrem.

h. **Caminhões especiais** – Podem ser: rebaixados e reforçados para o transporte de cargas pesadas (carreta *heavy lift*); com guindaste sobre a carroceria para carga e descarga (*munck*); cegonhas, projetadas para o transporte de automóveis etc.

i. **Semirreboques** – São carrocerias, de diversos tipos e tamanhos, sem propulsão própria, para acoplamento a cavalos mecânicos, formando os conjuntos articulados, conhecidos como *carretas*. Esse tipo de equipamento é muito versátil, uma vez que pode ser desengatado e deixado em um terminal de carga, liberando o cavalo mecânico para prosseguir em outros serviços de transporte.

Há, ainda, os veículos para cargas especiais, que têm características diferentes das mencionadas nos casos anteriores, por se destinarem a cargas que apresentam dimensões e pesos muito acima dos observados nas cargas comuns, como transformadores, pás eólicas e turbinas de usinas hidrelétricas.

» *Panorama brasileiro do transporte rodoviário*

O modal rodoviário, apesar de ser o principal meio de transporte no Brasil, apresenta problemas quanto à organização de mercado, ao perfil da frota e às condições de infraestrutura, que aumentam os seus custos.

De acordo com o boletim estatístico do CNT de novembro de 2013, há 144.158 empresas de transporte rodoviário de cargas atuando no mercado brasileiro (CNT, 2013). Esse número elevado deve-se à condição de não haver barreiras legais e econômicas para a entrada de novos competidores. Na Figura 3.1, apresentamos o círculo vicioso do transporte rodoviário no Brasil: como as barreiras de entrada são pequenas, ocorre um aumento de oferta pela constante entrada de novos transportadores. Isso acarreta a redução do valor dos fretes, tornando altas as barreiras de saída, pelo maior tempo para recuperação do capital investido. O baixo valor dos fretes também dificulta a renovação da frota, o que, somado a uma jornada de trabalho maior e à movimentação excessiva de carga, faz com que a oferta de transporte aumente, reduzindo ainda mais o preço do frete.

» **Figura 3.1:** Barreiras para a entrada de novas empresas de transportes no mercado brasileiro

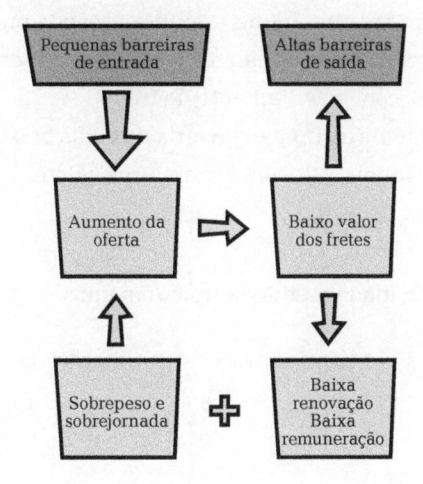

Fonte: CNT, 2002.

Na Tabela 3.1, apresentamos a distribuição dos registros de transportadores em outubro de 2013 e as respectivas quantidades de veículos por tipo de transportador, de acordo com a Agência Nacional de Transportes Rodoviários (ANTT).

» **Tabela 3.1:** Relação de veículos por transportador

Tipo do transportador	Registros emitidos	Veículos	Veículos/transportador
Autônomos	859.933	1.018.692	1,2
Empresas	171.934	1.220.756	7,1
Cooperativas	410	17.642	43,0
Total	1.032.277	2.257.090	2,2

Fonte: ANTT, 2014e.

Assim, percebemos a grande quantidade de registros em posse dos autônomos, que representam 83,8% dos registros e 45% dos veículos. A relação veículo/transportador mostra a pulverização do setor, o que também provoca problemas, ao tornar o mercado extremamente competitivo por empresas não estruturadas, com o aviltamento do frete.

A idade média da frota rodoviária de carga brasileira é outro entrave. Na Tabela 3.2, apresentamos os valores com base em levantamento de 2013.

» **Tabela 3.2:** Idade média da frota, em anos

Autônomos	Empresas	Cooperativas	Total
16,5	8,7	10,4	11,9

Fonte: ANTT, 2014d.

Como vemos, a idade média total chega a 11,9 anos, enquanto a idade média dos veículos em posse dos autônomos sobe para 16,5 anos, ambos muito acima da expectativa de vida útil dos veículos.

» *Malha rodoviária*

A malha rodoviária federal é composta pelas rodovias que ligam ou atravessam os estados brasileiros, as quais são nomeadas por um código iniciado com **BR**. As **radiais** são aquelas que se iniciam em Brasília e são numeradas de 1 a 100. As **longitudinais** cortam o país no sentido norte-sul e recebem números de 101 a 200. As **transversais** (201 a 300) cortam o país no sentido leste-oeste. Há também as **diagonais** (301 a 400). Por fim, as rodovias **de ligação** (401 a 500) realizam a conexão das anteriores.

De acordo com o boletim estatístico do CNT de novembro de 2013, dos 77.981 km de rodovias federais, 65.320 km estão pavimentados. A malha rodoviária brasileira (federal, estadual e municipal) é de 1.691.640 km, e apenas 12% desse total estão pavimentados (CNT, 2013). A má conservação das estradas é um dos principais gargalos da infraestrutura brasileira. No Gráfico 3.2, apresentamos as proporções entre as extensões pavimentadas e as não pavimentadas, conforme o poder responsável por sua manutenção.

» **Gráfico 3.2:** Relação entre extensões pavimentadas e não pavimentadas

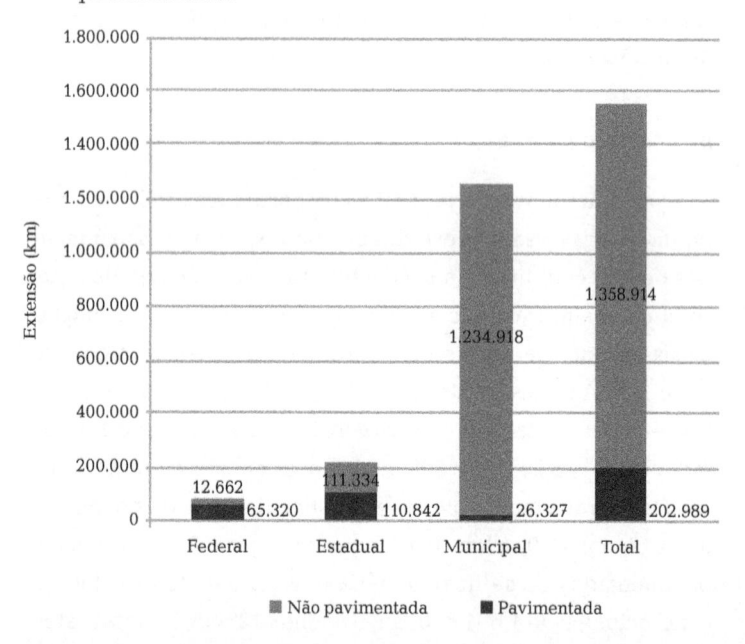

	Federal	Estadual	Municipal	Total
Pavimentada	65.320	110.842	26.327	202.989
Não pavimentada	12.662	111.334	1.234.918	1.358.914

Fonte: Elaborado com base em CNT, 2013.

Conforme o Gráfico 3.3, o Governo Federal investiu, de 2000 a 2010, entre 0,15% e 0,65% do Produto Interno Bruto (PIB) em infraestrutura de transportes. No entanto, Dornier et al. (2000) recomendam investimentos na ordem de 2% a 3% do PIB ao ano, patamar nunca atingido nos últimos 35 anos no país.

» **Gráfico 3.3**: Investimentos em infraestrutura rodoviária (% PIB)

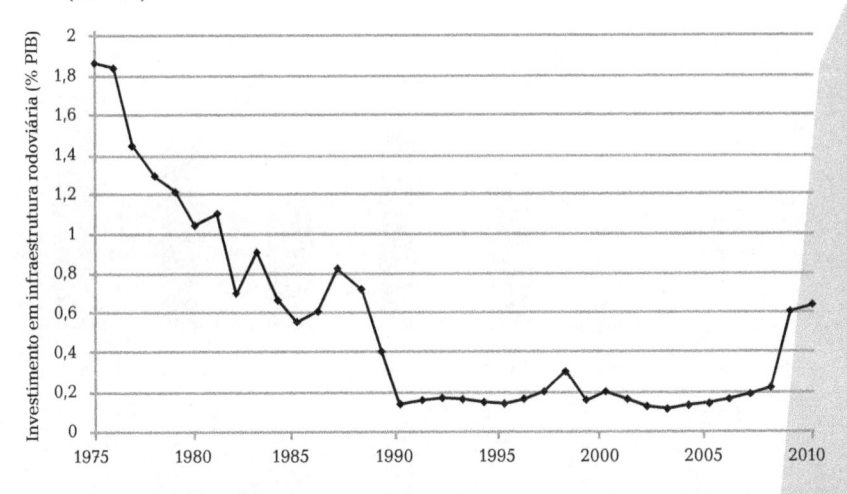

Fonte: Elaborado com base em Ilos, 2014; CNT, 2013.

Passemos, a seguir, à análise do panorama internacional do transporte rodoviário.

» *Panorama internacional do transporte rodoviário*

Em virtude dos fatores que mencionamos anteriormente, a carga movimentada pelo modal rodoviário representa em torno de 60% de toda a carga transportada no Brasil. Em outros países com extensão territorial semelhante à brasileira, é menor a participação do transporte rodoviário na matriz, conforme nos mostra o Gráfico 3.4.

» **Gráfico 3.4:** Participação do modo rodoviário na matriz de transportes por país

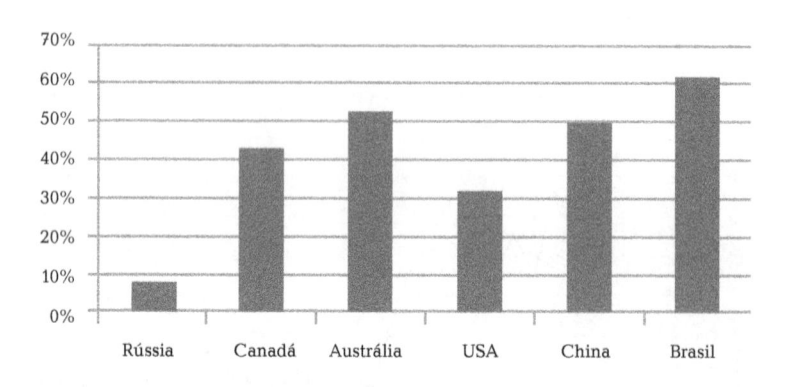

País	%
Rússia	~8%
Canadá	~43%
Austrália	~52%
USA	~32%
China	~49%
Brasil	~61%

Fonte: ITF, 2009b.

Mostramos outro comparativo na Tabela 3.3, referente a extensões das malhas rodoviárias de alguns países e à proporção de extensões pavimentadas. Percebemos que o Brasil apresenta um percentual significativamente mais baixo do que outros países de áreas territoriais semelhantes. Outros países latino-americanos também apresentam percentuais mais elevados do que o brasileiro.

» **Tabela 3.3:** Malhas rodoviárias de diversos países

País	Extensão total da malha rodoviária (km)	Extensão pavimentada (km)	Percentual de pavimentadas
Estados Unidos	6.406.296	4.209.835	65,7%
Índia	3.319.644	1.603.705	48,3%
Brasil	1.561.903	202.989	12%

(continua)

(Tabela 3.3 – conclusão)

País	Extensão total da malha rodoviária (km)	Extensão pavimentada (km)	Percentual de pavimentadas
Canadá	1.408.800	415.600	29,5%
Austrália	811.603	341.448	42,1%
México	320.532	178.473	55,7%
Argentina	215.471	69.412	32,2%

Fonte: Nation Master, 2010.

Tendo em vista a importância do modal rodoviário na matriz brasileira de transportes, percebemos o quanto ainda é necessário melhorar nossas rodovias para que se tenha um padrão similar ao dos países apresentados na Tabela 3.3.

››› Modal ferroviário

O modo ferroviário, com participação aproximada de 21% na matriz brasileira de transportes, retomou investimentos com o processo de privatização ocorrido na década de 1990, após um período de decadência. Neste tópico, apresentamos as características desse modo de transporte e um retrato de sua situação atual.

›› *Histórico das ferrovias*

O modal ferroviário surgiu no final do século XVIII, na primeira Revolução Industrial, na Inglaterra. Com o objetivo inicial de escoar a produção da nascente indústria inglesa, para atender às demandas das cidades e para enviá-la aos portos de onde eram embarcados para diversos pontos ao redor do mundo, logo ganhou espaço também como meio de transporte de passageiros (ANTF, 2014).

No Brasil, foi introduzido pela iniciativa do então Barão de Mauá, na década de 1850, ligando o Rio de Janeiro a Petrópolis, tendo a ferrovia sido inaugurada pelo Imperador Dom Pedro II. Em seguida, iniciou-se a construção da ferrovia Santos-Jundiaí, terminada pelos ingleses, com o objetivo de transportar a produção cafeeira do interior paulista, o principal produto de exportação brasileiro na época, para o Porto de Santos.

Na primeira metade do século XX, as ferrovias ganharam espaço como elemento de integração, transportando passageiros. Seu declínio iniciou-se com o rápido processo de industrialização pelo qual o Brasil passou na década de 1950, com forte viés automotivo, provocando a redução da extensão e da importância das ferrovias ao longo das décadas seguintes.

Em 1996, iniciou-se o processo de privatização da malha ferroviária, bem como sua lenta revitalização, com investimentos em vias e material rodante (locomotivas e vagões), mas sem se alcançar uma estrutura adequada para as necessidades do país.

» *Características do modal ferroviário*

O modo ferroviário apresenta um alto custo fixo de implementação – pelas desapropriações de terras e pelo preparo da estrutura – e alto custo de manutenção da própria estrutura e das composições. Seu trajeto é fixo e, portanto, menos flexível do que o do modo rodoviário.

É um transporte adequado para grandes quantidades de carga que serão transportadas a grandes distâncias (viabilidade acima de 500 km), apresentando um custo operacional por unidade transportada menor do que o do modo rodoviário.

O tempo de viagem em um mesmo trajeto é irregular e modifica-se em função de algumas variáveis: a) tempo consumido para a formação da composição (carregamento de vagões e quantidade mínima de vagões necessários para seguir viagem); b) paradas não programadas ao longo do trajeto, devido a acidentes ou condições climáticas, por exemplo; c) obstáculos que surgem nas vias ou invasão da faixa de domínio, como o uso para habitação ou realização de atividades (feiras, por exemplo), dificultando a passagem; d) lentidão desse modo de transporte, o que aumenta o tempo de espera dos materiais transportados quando comparado com o modo de transporte rodoviário, por exemplo.

É ainda um modo de transporte relacionado a cargas de baixo valor agregado, como minérios e grãos, conforme nos mostra o Gráfico 3.5, apesar das tentativas de mudança que os operadores vêm realizando nos últimos anos.

» **Gráfico 3.5:** Composição de carga do modo ferroviário

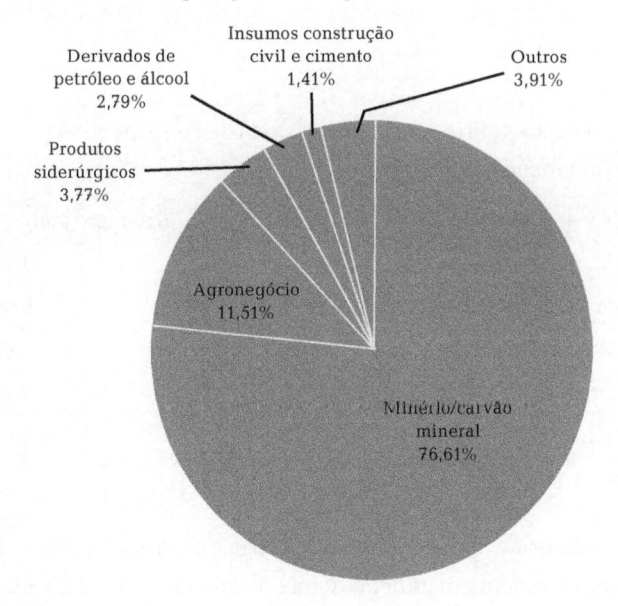

- Derivados de petróleo e álcool: 2,79%
- Insumos construção civil e cimento: 1,41%
- Outros: 3,91%
- Produtos siderúrgicos: 3,77%
- Agronegócio: 11,51%
- Minério/carvão mineral: 76,61%

Fonte: ANTT, 2012.

Entretanto, com a flexibilidade que o modal apresenta em relação ao tipo de carga e o baixo custo por unidade transportada, espera-se que esse perfil seja alterado nos próximos anos.

» **Panorama brasileiro do modal ferroviário**

O modo ferroviário, como mencionamos anteriormente, passou por um período de estagnação e deterioração entre as décadas de 1970 e 1990. Apesar dos investimentos realizados após o processo de privatização, ainda é muito incipiente em face da necessidade brasileira.

A malha foi dividida e repassada a concessionárias, que a operam e investem em sua recuperação. Algumas das concessionárias originais foram compradas pelas maiores; as principais concessionárias em operação na atualidade são apresentadas na Tabela 3.4.

» **Tabela 3.4:** Principais concessionárias e respectivas extensões da malha

Concessionária	Extensão (km)
ALL do Brasil S.A.	11.738
Ferrovia Centro-Atlântica S.A. (FCA)	8.066
MRS Logística S.A.	1.674
Outras	7.136
Total	28.614

Fonte: ANTF, 2012.

Conforme mencionamos anteriormente, o modal ferroviário é adequado para distâncias acima de 500 km. O Gráfico 3.6 nos mostra que as distâncias médias percorridas são pouco maiores do que esse limite inferior, flutuando entre 520 km e 550 km entre 1996 e 2004, sinal de ineficiência no uso da estrutura.

» **Gráfico 3.6:** Distâncias médias percorridas por trens de carga (km)

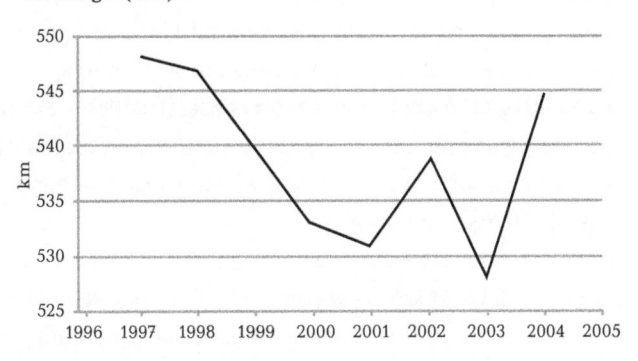

Fonte: ANTF, 2012.

Os principais gargalos encontrados no sistema ferroviário brasileiro são (ANTF, 2014):
a. **Invasão da faixa de domínio** – Em algumas áreas, a população, de forma irregular, utiliza as áreas laterais das ferrovias para construir moradias, o que aumenta o risco de acidentes e obriga as composições a reduzir a velocidade. Essas áreas laterais, chamadas de *faixa de domínio*, existem para manter afastadas construções das linhas férreas e para garantir espaço de acesso em caso de manutenção ou evacuação das composições.
b. **Centros urbanos** – Trens de carga ainda atravessam as cidades, concorrendo com composições de passageiros pela passagem nas linhas férreas, o que contribui para atrasos tanto do transporte de carga quanto do de passageiros.

c. **Acessos aos portos** – Falta infraestrutura adequada para receber e descarregar as composições nos portos, o que provoca filas, além de haver concorrência pela utilização dos trechos de acesso.
d. **Excesso de passagens de nível** – O cruzamento das ferrovias com estradas e ruas aumenta a possibilidade de acidentes, principalmente pela má sinalização nesses pontos.
e. **Baixa integração operacional entre concessionários** – Há problemas para que uma concessionária utilize a malha que se encontra sob cuidados de outra, o que ocasiona maiores custos e tempos de espera.
f. **Deficiências de extensão/cobertura** – O Brasil tem aproximadamente 28.000 km de ferrovias, o que, por seu grande território, não é suficiente para atender adequadamente a todas as regiões. Além disso, há uma concentração da malha nas Regiões Sul e Sudeste. Na Tabela 3.5, apresentamos a densidade das ferrovias (quilômetros de extensão para cada mil quilômetros quadrados de território) de vários países. Notamos a baixa densidade brasileira, quando comparada à de outros países.
g. **Contornos de áreas urbanas** – Ainda não foram implementadas linhas que contornam as cidades, possibilitando o tráfego de cargas sem que seja necessário atravessar as áreas urbanas.

Como mencionamos, um indicador de infraestrutura ferroviária é a densidade da malha, que indica a quantidade de quilômetros de linhas férreas por mil quilômetros quadrados de território do país. Na Tabela 3.5, podemos ver que, entre os países apresentados, destaca-se a Alemanha, com a maior densidade (130,3 km de ferrovia/1.000 km²). O Brasil apresenta 3,4 km/1.000 km², um valor muito baixo para a extensão territorial do país e pela necessidade de se transportarem grandes quantidades de produtos originados das safras agrícolas e da mineração.

» **Tabela 3.5**: Densidade da malha ferroviária em alguns países

Países	Densidade (km/1.000 km²)
Alemanha	130,3
Inglaterra	69,9
Japão	61,8
França	59,9
Índia	21,4
EUA	22,9
África do Sul	18,3
Argentina	13,3
China	9,0
Canadá	7,0
Austrália	5,5
Rússia	5,1
Brasil	3,4

Fonte: ITF, 2009a.

Assim como no transporte rodoviário, há também a necessidade de grandes investimentos no modal ferroviário em um país de dimensões continentais como o Brasil.

>>> Modal aquaviário

O transporte aquaviário é aquele que ocorre pela utilização dos meios aquáticos para movimentação de cargas. Diferencia-se quanto aos meios pelos quais as cargas são transportadas:

a. **Fluvial** – Utiliza rios para o transporte.
b. **Lacustre** – Utiliza lagos para o transporte.
c. **Marítimo** – Utiliza mares e oceanos para transportar produtos.

Outra forma de classificação considera o tipo de percurso realizado pelas embarcações:
a. **Cabotagem** – É a navegação realizada entre portos ou pontos, acompanhando o traçado do litoral de um país ou região.
b. **Navegação interior** – É realizada em hidrovias interiores ou lagos, em percursos nacionais ou internacionais.
c. **Navegação de longo curso** – É realizada em alto-mar.

As vantagens desse modo de transporte são: maior capacidade de carga do que a dos modos rodoviário e ferroviário; possibilidade de carregar qualquer tipo de carga; menor custo de transporte por unidade transportada.

As desvantagens desse modo são: necessidade de transbordo* nos portos; localização dos portos, distantes dos centros de produção, o que gera a necessidade de outro modo de transporte para realizar a ligação até o destino; maior exigência de embalagens, em decorrência das distâncias e dos riscos; menor flexibilidade nos serviços, aliada a frequentes congestionamentos nos portos.

» *Tipos de embarcação*

Os tipos de embarcação, conforme suas características de transporte de cargas, são:
a. ***Full container ship* ou porta-contêineres** – É exclusivo para o transporte de contêineres, que são alocados por meio de encaixes perfeitos. É o principal tipo de embarcação no comércio internacional.

---

* Transbordo é a transferência de carga para outro veículo ou embarcação, para que se percorra o próximo trecho do percurso.

b. **Navios-cargueiros** – São o meio convencional para o transporte de carga geral, com seus porões divididos de forma a atender a diferentes tipos de carga.
c. **Navios-tanques** – Destinam-se ao transporte de granéis líquidos, como petróleo.
d. **Navios-graneleiros** – Visam ao transporte de granéis sólidos, como grãos e minérios; geralmente têm baixo custo operacional.
e. **Navios *roll-on/roll-off* (*ro-ro*)** – Apropriados para o transporte de veículos, que são embarcados e desembarcados, por meio de rampas, com os seus próprios movimentos. Podem propiciar a conjugação com o transporte terrestre, ao carregarem a própria carreta ou o contêiner sobre rodas (*boogies*).
f. **Barcaças** – Têm um fundo achatado, reforçado e são usadas em vias fluviais para transportar grandes quantidades de cargas, como cimento, carvão, toras, óleo, areia e açúcar. Algumas barcaças são empurradas ou puxadas por rebocadores.

Como podemos perceber, há embarcações adequadas para praticamente todos os tipos de produtos a serem transportados, o que nos mostra a flexibilidade desse modal.

» *Comparativo do modal aquaviário com outros modais*

Ao compararmos o desempenho do modal aquaviário com o dos modais rodoviário e ferroviário, percebemos com clareza algumas de suas vantagens. Com base em estudos realizados pelo Ministério dos Transportes (1997, citado por Bussinger, 2009), apresentamos, a seguir, alguns desses resultados.

Ao se mensurar a eficiência energética desses modais, encontra-se, em média, que o modal rodoviário apresenta uma capacidade de transporte de 0,17 toneladas por HP de potência do motor (t/HP). O modal ferroviário apresenta uma relação de 0,75 t/HP, enquanto o aquaviário apresenta 5 t/HP. Assim, o aquaviário tem uma capacidade 6,7 vezes maior do que o modal ferroviário e 29,4 vezes maior que o rodoviário.

Em relação à emissão de poluentes, o modal aquaviário apresenta uma média de 20 kg de dióxido de carbono para cada mil toneladas por quilômetro útil transportadas ($kgCO_2$/1.000 tku), enquanto o ferroviário é responsável por 34 $kgCO_2$/1.000 tku e o rodoviário por 116 $kgCO_2$/1.000 tku. Isso representa, respectivamente, proporções 1,7 e 5,8 vezes menores.

O consumo de combustível também é um indicador que apresenta vantagens no uso do modal aquaviário. Os respectivos consumos de combustível, medidos em litros por mil toneladas por quilômetro útil (l/1.000 tku), dos modais aquaviário, ferroviário e rodoviário são 5, 10 e 96 l/1.000 tku. Portanto, o modal aquaviário apresenta a metade do consumo do ferroviário e 5,2% do consumo do modal rodoviário.

» Vias fluviais e costeiras

O Brasil tem uma estrutura privilegiada, mas pouco utilizada, de vias aquáticas. As vias fluviais somam aproximadamente 43.000 km de extensão navegável. As principais vias são a Amazonas-Madeira, com 4.164 km, a Tocantins-Araguaia, com 3.040 km, a Tietê-Paraná, com 1.660 km, e a do Rio São Francisco, com 1.371 km.

Por outro lado, a costa brasileira tem aproximadamente 8.000 km e é navegável praticamente em toda a sua extensão, o que possibilitaria uma melhor exploração da cabotagem, ainda muito modesta em nosso país.

» Portos brasileiros

Atualmente, o Brasil tem 33 portos e 43 terminais de uso privativo (TUPs), nos quais, em 2012 (ANTF, 2012), foi movimentado um total de 886.055.280 t de carga. A Tabela 3.6 nos mostra os dez portos e os dez terminais de uso privativo com maior movimentação de carga total (soma de carga de granéis sólidos, carga de granéis líquidos e carga geral).

» **Tabela 3.6**: Portos e TUPs com maior movimentação

Porto	Carga (t)	% do total	TUP	Carga (t)	% do total
Santos (SP)	85.995.109	9,71	CVRD Tubarão (ES)	110.143.415	12,43
Itaguaí/ Sepetiba (RJ)	58.131.045	6,56	Ponta da Madeira (MA)	102.260.814	11,54
Paranaguá (PR)	37.418.523	4,22	Almirante Barroso (SP)	49.694.696	5,61
Rio Grande (RS)	17.933.213	2,02	Almirante Maximiano da Fonseca (RJ)	38.783.547	4,38
Vila do Conde (PA)	16.614.022	1,88	MBR (RJ)	37.526.187	4,24
Itaqui (MA)	13.913.818	1,57	Ponta de Ubu (ES)	23.703.579	2,68
Suape (PE)	11.004.193	1,24	Madre de Deus (BA)	20.701.120	2,34

(continua)

(Tabela 3.6 – conclusão)

Porto	Carga (t)	% do total	TUP	Carga (t)	% do total
São Francisco do Sul (SC)	10.089.511	1,14	Porto Trombetas (PA)	17.893.462	2,02
Vitória (ES)	8.112.748	0,92	Alumar (MA)	12.717.959	1,44
Rio de Janeiro (RJ)	7.706.623	0,87	Almirante Tamandaré/Ilha d'Água (RJ)	11.813.191	1,33

Fonte: Elaborado com base em Antaq, 2012.

O modal aquaviário também apresenta limitações quanto à sua capacidade de movimentação, sendo necessário ampliá-la.

›› Modal aéreo

O transporte aéreo apresenta como características: frete elevado, sendo interessante para produtos de alto valor agregado; rapidez no percurso; variabilidade pequena do tempo de viagem em um mesmo trajeto; restrição de dimensões físicas do espaço; atendimento a destinos locais e internacionais; por outro lado, deve-se considerar o tempo de coleta e de manuseio terrestre no tempo total de transporte.

O Brasil tem 66 aeroportos, que movimentaram 967.951 t de mercadorias em novembro de 2012. No mesmo período, de acordo com o Airports Council International (2014), o aeroporto com maior movimentação de carga no mundo foi o de Hong Kong, com 4.062.261 t, seguido do aeroporto de Memphis, nos Estados Unidos, com 4.016.126 t.

Os principais aeroportos brasileiros em movimentação de carga, em 2011, foram os de Guarulhos (com 515.175 t) e Viracopos (com 283.268 t), ambos no Estado de São Paulo. Juntos, os dois representaram 51,1% do total da carga aérea movimentada no Brasil nesse período (1.563.791 t).

>>> Modal dutoviário

O transporte dutoviário é o que utiliza dutos (tubulações) para a movimentação da carga. A diferença em relação aos demais modos de transporte é que, neste, a carga se movimenta enquanto o modo de transporte permanece estático. Esse modo utiliza a força da gravidade ou de pressão mecânica (bombas ou compressores) para o transporte de granéis líquidos, sólidos ou gasosos.

É um transporte não poluente, não sujeito a congestionamentos e relativamente barato por unidade transportada. É indicado para o transporte de grandes volumes, principalmente de óleo, gás natural e derivados de petróleo.

Há cerca de 2.500 anos, os chineses já utilizavam sistemas dutoviários construídos de varas de bambu para canalizar gás de poços rasos (até 1.000 m de profundidade) e queimavam o gás em caldeiras para evaporar a água do mar e obter sal. Por outro lado, os romanos construíram diversos aquedutos na Europa, no norte da África e no Oriente Médio, para garantir o abastecimento de água de suas cidades entre os séculos II a.C e IV d.C.

O primeiro oleoduto de longa distância (com 8 km de comprimento e 5 cm de diâmetro) foi construído na Pensilvânia, nos Estados Unidos, em 1872, expandindo a então nascente indústria petrolífera.

No Brasil, o primeiro oleoduto foi instalado em outubro de 1951, no Estado de São Paulo, para interligar o Porto de Santos à capital, com a finalidade de transportar derivados de petróleo importados até o centro consumidor do estado (ANTT, 2014a).

» **Tipos de dutos**

Como os dutos são construídos para fins específicos, sua classificação é realizada de acordo com o tipo de produto transportado (ANTT, 2014c):

a. **Oleodutos** – Os produtos transportados são, em sua grande maioria, petróleo, óleo combustível, gasolina, diesel, álcool, gás liquefeito de petróleo (GLP), querosene e nafta.
b. **Minerodutos** – Os produtos transportados são sal-gema, minério de ferro e concentrado fosfático.
c. **Gasodutos** – O produto transportado é o gás natural; o exemplo mais conhecido, no Brasil, é o gasoduto Brasil-Bolívia.
d. **Outros** – Transportam produtos diversos, como água.

A denominação *alcoolduto*, que frequentemente aparece na mídia, não existe, de acordo com a classificação aqui apresentada, sendo o correto caracterizá-lo como *oleoduto*.

» **Vantagens e desvantagens**

As principais vantagens do modo dutoviário são: apresenta grande confiabilidade de entrega; há poucas interrupções no transporte do produto; os equipamentos são construídos com materiais de grande resistência e durabilidade; é um transporte não poluente; apresenta baixos custos variáveis.

Suas principais desvantagens são: a movimentação do produto é vagarosa; há pouca flexibilidade, tanto de trajeto, pelos mesmos motivos observados no modo ferroviário, quanto pelo fato de que é um sistema construído para um determinado produto ou família de produtos, sendo difícil sua adaptação para outros usos; apresenta restrições quanto aos tipos de produtos a serem transportados; apresenta altos custos fixos, relativos à estrutura do sistema.

» Intermodalidade e multimodalidade

A **intermodalidade** caracteriza-se pela utilização de dois ou mais modais de transportes para realizar a ligação entre a origem e o destino da carga. Principalmente no transporte internacional, a intermodalidade ocorre de forma mais intensa. Por exemplo, utiliza-se o modal rodoviário entre a origem e o porto e, quando a carga é descarregada no porto de destino, é embarcada em um trem.

Por outro lado, a **multimodalidade** é, em sua operação, idêntica à intermodalidade. O que a diferencia da primeira é que um único operador logístico se responsabiliza por todas as etapas de transporte, da origem ao destino. Enquanto na intermodalidade é realizado um contrato para cada modal de transporte, na multimodalidade o contrato é único, o que facilita a negociação e o monitoramento da carga.

Para oferecer o serviço de multimodalidade, existem empresas denominadas **operadoras de transporte multimodal (OTMs)**, de âmbito internacional. No Brasil, essa figura foi criada pela Lei n. 9.611/1998 (Brasil, 1998).

❯❯❯ Estudo de caso

O gestor de transportes da empresa GHJ Ltda. precisa definir que modal utilizar para entregar os pedidos do principal cliente da empresa, com o qual está sendo negociado um contrato de abastecimento de um ano. O produto possui um alto valor agregado, e a fábrica do cliente é distante e servida por uma boa estrutura logística, que inclui as possibilidades de entrega rodoviária, ferroviária e aérea. O gestor construiu um gráfico do custo unitário de transporte em função da quantidade a ser transportada, já considerando os custos de coleta e entrega para os modais ferroviário e aéreo.

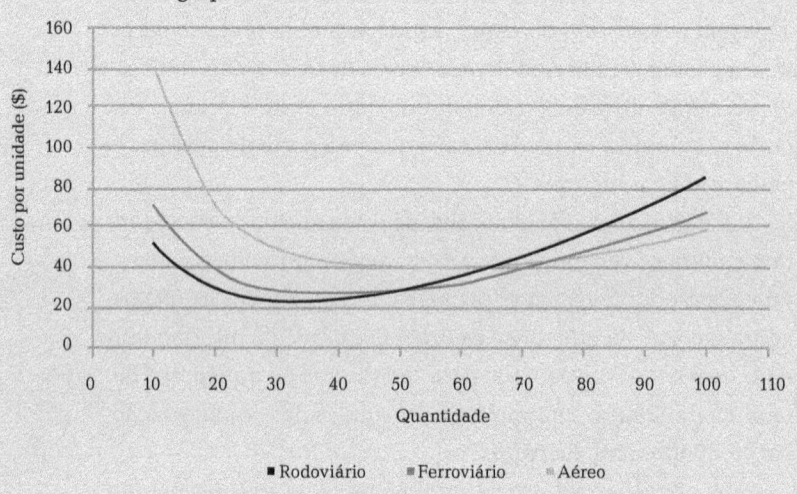

O cliente deseja receber lotes mensais de 90 peças. O gestor propõe entregar três lotes de 30 peças.

» Síntese

Neste capítulo, apresentamos e discutimos os cinco modais de transportes: rodoviário, ferroviário, aquaviário, aéreo e dutoviário. A matriz brasileira de transportes apresenta um desequilíbrio na proporção de carga transportada por modal rodoviário, em torno de 60%, que não é adequada a um país com grande dimensão territorial como o nosso.

O **modal rodoviário** é adequado para transporte até 500 km de distância, tem grande flexibilidade quanto ao tipo de carga, realiza o transporte porta a porta (*door to door*) e a complementação dos outros modais. O **modal ferroviário** tem capacidade para grandes volumes de carga e apresenta um custo por unidade transportada menor do que o do modal rodoviário; é adequado para distâncias maiores que 500 km.

O **modal aquaviário** é subdividido em marítimo (transporte de longa distância por mares e oceanos), fluvial (por rios) e lacustre (em lagos). Há a modalidade marítima de cabotagem, que ocorre pela navegação que acompanha o traçado do litoral. O **transporte aéreo** apresenta um custo elevado e tem capacidade limitada de carga. Já o **transporte dutoviário** é adequado a grandes volumes de produtos, principalmente líquidos e gases, e apresenta baixo custo por unidade.

A combinação de dois ou mais modais de transportes é chamada de **intermodalidade**, quando se contrata cada modal de forma independente, e **multimodalidade**, quando se contrata um único operador logístico, denominado *operador de transporte multimodal* (OTM), conforme a Lei n. 9.611/1998 (Brasil, 1998).

» Questões para revisão

1) Quais foram as causas que levaram ao desequilíbrio da matriz brasileira de transportes?

2) Qual é a importância do transporte no âmbito das operações logísticas?

3) Sobre o transporte rodoviário, podemos afirmar:
    a. Depende de outros modais para realizar a movimentação da origem ao destino.
    b. É adequado para distâncias maiores do que 500 km.
    c. Apresenta baixo custo por unidade transportada.
    d. É o único que tem condições de realizar entregas *door to door*.

4) Assinale a alternativa **incorreta**:
    a. O modal aéreo apresenta alto custo por unidade transportada.
    b. O modal ferroviário apresenta grande capacidade de carga e, no Brasil, transporta principalmente produtos de baixo valor agregado.
    c. Cabotagem é o transporte marítimo em mar aberto para grandes distâncias.
    d. O modal dutoviário é voltado principalmente para grandes volumes líquidos e gases.

5) Assinale a alternativa correta:
    a. A intermodalidade consiste na utilização de dois ou mais modais de transportes para ligar a origem ao destino.
    b. A multimodalidade e a intermodalidade são idênticas quanto aos processos documentais.

c. O Brasil utiliza de modo intensivo o transporte aquaviário fluvial.

d. O modal aéreo é adequado para o transporte de *commodities*.

» Questões para reflexão

1) Em sua opinião, como o desbalanceamento da matriz de transportes brasileira afeta a competitividade do Brasil no comércio internacional?

2) Que dificuldades são encontradas para a utilização de processos de multimodalidade no Brasil?

»» Para saber mais

Para aprofundar seus conhecimentos sobre os assuntos tratados neste capítulo, acesse os seguintes *sites*:

ANTF – Associação Nacional dos Transportadores Ferroviários. Disponível em: <http://www.antf.org.br/index.php>. Acesso em: 30 out. 2014.

BRASIL. Ministério dos Transportes. Disponível em: <www.transportes.gov.br>. Acesso em: 30 out. 2014.

NTC – Associação Nacional do Transporte de Cargas e Logística. Disponível em: <www.ntcelogistica.org.br>. Acesso em: 30 out. 2014.

>>> Perguntas & respostas

Por que se afirma que há desbalanceamento na matriz brasileira de transportes?

Porque há uma predominância do modal rodoviário sobre os demais modais. O modal rodoviário é interessante para distâncias de até 500 km; a partir daí, os modais ferroviário e aquaviário passam a ser mais interessantes, pela capacidade de carga significativamente maior que a do modal rodoviário e pela consequente redução de custo de transporte. Para que haja um equilíbrio, é necessário ampliar a infraestrutura do modal ferroviário – hoje em aproximadamente 28.000 km – e do modal aquaviário, devendo-se investir nas estruturas de navegação fluvial e de cabotagem.

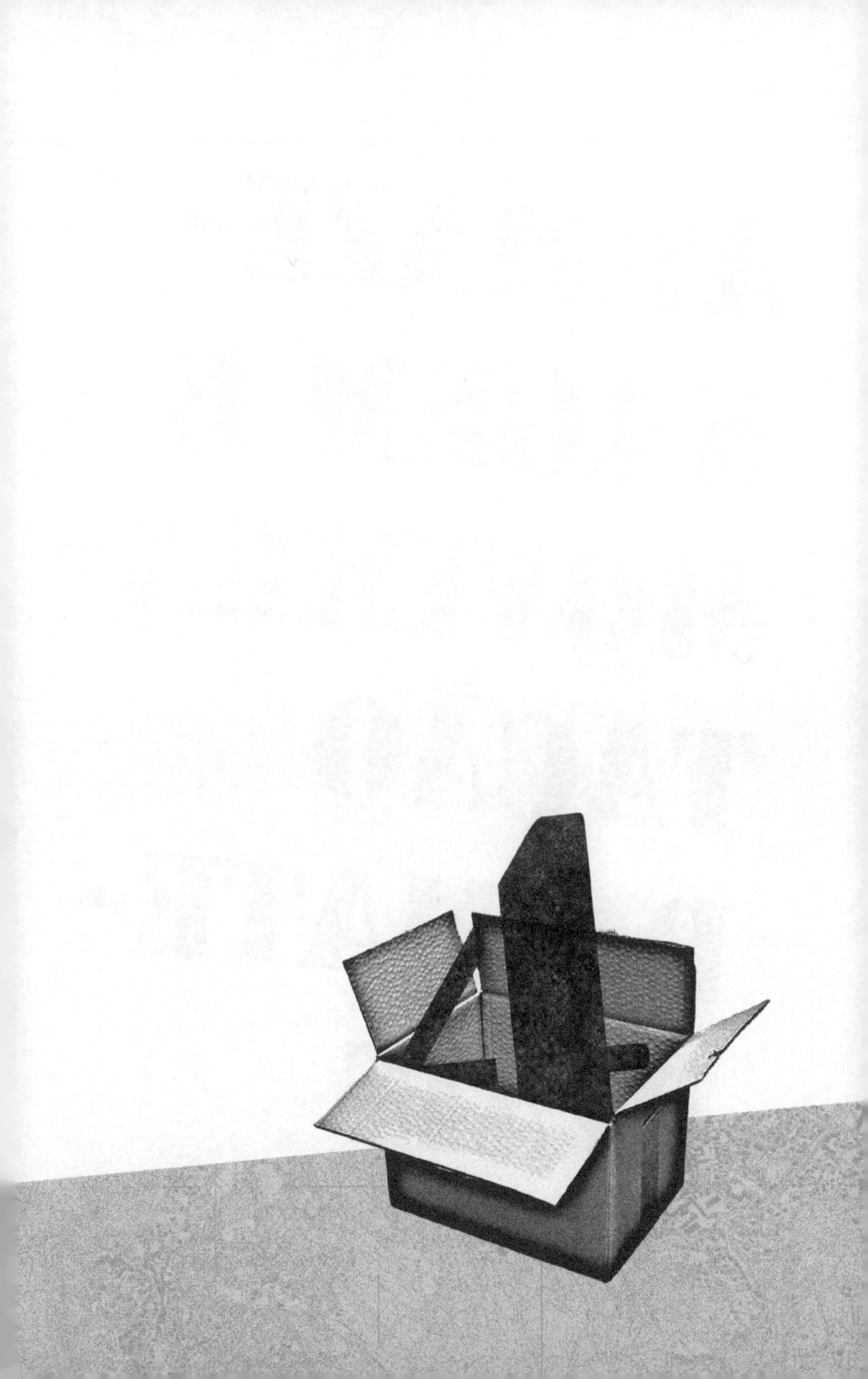

ARMAZENAGEM E MOVIMENTAÇÃO DE MATERIAIS

>>> Conteúdos do capítulo

» O fluxo logístico apresenta pontos de acúmulo de materiais ao longo da cadeia, para atender às necessidades dos clientes no momento em que elas surjam. Para isso, faz-se necessário administrar os processos de armazenagem e movimentação de materiais. Neste capítulo, apresentamos os conceitos de armazenagem e movimentação de materiais, estruturas e equipamentos voltados para esses processos, assim como seus critérios de escolha.

» Você, leitor, ao final deste capítulo, terá uma visão abrangente das técnicas de armazenagem e movimentação, conhecendo os principais conceitos relacionados ao tema.

» Armazenagem

A **armazenagem** corresponde ao conjunto de atividades de guarda ordenada de produtos acabados, voltados para o atendimento de necessidades dos clientes, no próprio local da operação ou em locais especificamente construídos para esse fim, como armazéns e centros de distribuição. Tem como objetivo maximizar o nível de atendimento ao cliente, com minimização dos custos. Essa minimização refere-se a dois grupos de custos:

1) **Custos de capital** – Englobam o valor dos materiais armazenados, bem como os equipamentos e estruturas necessários para a adequada guarda dos materiais.
2) **Custos operacionais** – São os gastos relativos à execução das atividades, como mão de obra, energia e depreciação de equipamentos.

Para atingir esse objetivo, é necessário conhecer os processos de armazenagem, que detalhamos a seguir.

»» Atividades de armazenagem

A armazenagem, por sua complexidade, é composta por uma série de atividades, como:

a. **oferecer atendimento pontual aos clientes** – garantir a disponibilidade de produtos quando os clientes manifestarem suas necessidades;
b. **manter o controle sobre os itens** – registrar todas as movimentações (entrada, localização e saída) dos produtos que estão sob a guarda do armazém;
c. **minimizar o esforço físico total** – por meio do posicionamento dos produtos na estrutura de armazenagem, de acordo com

a forma pela qual eles serão movimentados, se manual ou mecanicamente;

d. **fornecer elos de comunicação com os clientes** – garantir informações precisas sobre a existência de produtos, sua disponibilidade e data de remessa;

e. **receber produtos** – verificar se os materiais entregues pelos fornecedores ou pela fábrica estão de acordo com a solicitação realizada, o que consiste em:
    » verificar a descrição dos produtos em relação ao pedido;
    » verificar as quantidades entregues;
    » verificar se há danos e/ou avarias;
    » inspecionar o produto;

f. **identificar os produtos** – cadastrá-los e codificá-los;

g. **despachar os produtos** – enviá-los para o destinatário;

h. **guardar os produtos** – garantir que os produtos permaneçam em um local adequado até o momento do despacho;

i. *picking* (coleta) – coletar os produtos que serão enviados aos clientes;

j. **preparar a remessa** – embalá-la (caixas, por exemplo) e/ou unitizá-la (paletes, por exemplo);

k. **operar o sistema de informação** – para garantir que ele esteja sempre atualizado e confiável.

A armazenagem pode englobar, ainda, outras atividades, de acordo com as características ou necessidades do produto, por exemplo, segregar produtos que possam contaminar ou reagir com outros materiais ou mantê-los em quarentena, isto é, separados em uma área própria de espera até que se realizem análises para aceitação do lote recebido.

›› Funções da armazenagem

A armazenagem, considerando-se as atividades que a caracterizam, tem as seguintes funções:

a. **Manutenção dos produtos** – Consiste em proteger os produtos guardados pelo período em que aguardam o seu uso ou despacho, mantendo-os em condições adequadas, de modo a controlar fatores como temperatura, umidade, luz e empilhamento.

b. **Consolidação** – Refere-se à reunião de cargas pequenas em cargas maiores, com o objetivo de reduzir os custos totais de transporte.

c. **Fracionamento de volumes** – Trata-se da separação de cargas para a guarda ou o redespacho (transbordo), por meio de outro veículo.

d. **Combinação** – Ocorre no caso de empresas que compram de fabricantes diferentes ou mantêm acordos com estes para complementar sua linha de produtos.

Essas funções estão relacionadas à finalidade de garantir a preservação dos produtos e realizar a operação dentro dos menores patamares de custo possíveis.

›› Fatores da armazenagem

A eficiência do processo de armazenagem é influenciada por diversos fatores, entre eles:

a. **Layout** – O arranjo físico do armazém ou centro de distribuição deve prever as necessidades de movimentação dos produtos, definindo-se a largura de seus corredores de acordo com o equipamento utilizado para isso, como empilhadeiras.

b. **Características do armazém** – Incluem altura (pé direito), tipo de piso, utilidades instaladas (rede hidráulica, sistema de condicionamento de ar ou refrigeração etc.).
c. **Acondicionamento** – Refere-se ao tipo de embalagem ou sistema de unitização utilizado, de forma a estabelecer o grau de cuidados e o tipo de movimentação adotados.
d. **Confiabilidade e rotatividade de estoques** – Visa manter as informações atualizadas, para que se conheçam precisamente as quantidades disponíveis e se reponham com maior frequência os estoques, evitando-se, assim, que o material permaneça no armazém por muito tempo.

A boa utilização do espaço de armazenagem também se reflete na eficiência do processo, ao promover o melhor aproveitamento das condições disponíveis para a guarda dos materiais e garantir um fluxo rápido.

››› Tipos de armazenagem

Quanto à forma de movimentação de carga, podemos classificar a armazenagem da seguinte forma (Ballou, 2006):

a. **Armazenagem manual** – Caracteriza-se pela movimentação que ocorre por esforço humano, auxiliada ou não por meio de equipamentos. É indicada para situações em que as operações de movimentação não são frequentes; o espaço para movimento é limitado; as cargas estão dispostas de forma a aproveitar todo o espaço; as cargas são heterogêneas, o que não permite a padronização de equipamentos de movimentação; as cargas são frágeis e de difícil manuseio; ou quando é necessário agrupar mercadorias não normalizadas.
b. **Armazenagem mecanizada** – É aquela que utiliza equipamentos, como empilhadeiras e translevadores*, para a

---

- *Translevador* é um equipamento de movimentação de paletes ou outras formas de unitização que se movimenta em corredores estreitos por não necessitar de espaço para manobrar; alcança alturas mais elevadas que empilhadeiras.

movimentação e a guarda dos produtos. Busca utilizar a máxima capacidade vertical do edifício, bem como a colocação correta das mercadorias no menor tempo possível. Existe, ainda, a armazenagem de materiais soltos, como matérias-primas de origem vegetal ou mineral, que são levados ao local de armazenagem por meio de esteiras, elevadores de canecas ou veículos basculantes, os quais são concentrados na forma de empilhamento cônico, como grãos ou carvão mineral.

Assim, a natureza do material, o volume, o peso e a forma de empacotamento influenciam o tipo de movimentação mais adequada na área de armazenagem.

⟫ Estruturas de armazenagem

As estruturas de armazenagem devem fornecer proteção aos itens guardados no local, além de garantir a máxima ocupação volumétrica do armazém. Os principais tipos de estrutura são:

a. **Silos e tanques** – São indicados para a armazenagem de grãos, produtos em pó ou líquidos. Apresentam grande variedade de formatos, dimensões e materiais, bem como facilidade de descarga, que muitas vezes é realizada pela parte inferior, com o aproveitamento do efeito da gravidade.
b. **Minicontenedores** – São pequenos recipientes fabricados de diversos materiais, como metal, plástico e madeira. Destinados a estocar peças soltas, apresentam capacidade de peso limitada. Formam um sistema versátil, que pode ser aplicado a diversos tipos de produtos e que permite o empilhamento. Apresentam facilidade de acesso e rápida seleção, bem como permitem um controle visual de estoque.

c. **Estruturas metálicas leves** – São simples e versáteis, com cantoneiras perfuradas e prateleiras ajustáveis. São indicadas para itens leves e que não requeiram o uso de equipamentos, como paleteiras ou empilhadeiras.
d. **Cantiléver** – É uma estrutura que visa à alta densidade de estocagem e se caracteriza por braços em balanço, que são suportados por colunas centrais. As prateleiras são totalmente aproveitáveis, por não haver colunas externas. É indicado para o agrupamento de materiais do mesmo tipo, que, normalmente, apresentam como principal característica o comprimento longo, como barras e tubos.
e. **Estantes** – São estruturas metálicas destinadas a cargas pesadas e volumosas, podendo ser aplicadas a itens de formatos irregulares. Uma das mais utilizadas versões de estantes são os porta-paletes.
f. **Mezaninos** – São plataformas metálicas montadas nos armazéns, sendo uma combinação de vários tipos de sistemas. Têm como objetivo o aproveitamento do pé direito do armazém, bem como a ampliação das frentes de separação. O investimento necessário para instalação de um mezanino é, em geral, menor do que o de uma nova construção.
g. **Sistema de carrossel** – É composto por uma série de seções ligadas por correias ou correntes que deslizam, por guias ovais, no sentido vertical ou horizontal. A vantagem desse sistema consiste em haver um único ponto de coleta e um único ponto de armazenagem, o que melhora a ocupação do espaço e a movimentação de materiais.
h. **Estruturas *drive-in* e *drive-through*** – São estruturas dentro das quais as empilhadeiras atuam, movimentando-se ao longo das ruas entre as prateleiras. Há dois tipos: *drive-in* (em que a empilhadeira entra na estrutura, movimentando-se

em qualquer direção) e *drive-through* (em que a empilhadeira atravessa a estrutura, em um sistema de mão única nos corredores).

As vantagens do uso das estruturas de armazenagem são:
a. Apresenta alta densidade de estocagem.
b. Não há superposição de cargas, evitando-se esmagamentos e quedas de pilhas.
c. São indicadas para a movimentação realizada de uma única vez em intervalos prolongados.

O uso da estrutura mais adequada reduz a área necessária para a armazenagem, bem como diminui os tempos de movimentação e os riscos de danos aos materiais.

» Embalagens

As **embalagens** são invólucros de um produto ou de uma determinada quantidade de produtos e que, do ponto de vista da logística, têm como funções:
a. proteger o produto do meio ambiente e de choques mecânicos;
b. facilitar seu manuseio;
c. facilitar sua armazenagem;
d. facilitar seu transporte e sua movimentação;
e. informar sobre as características do produto;
f. otimizar a utilização cúbica do depósito e dos veículos;
g. vender o produto.

Dentre os diversos tipos de embalagens, os mais utilizados são os seguintes:

a. **Caixas de papelão ondulado** – O papelão ondulado é formado por um miolo ondulado (corrugado) colado a elementos lisos, formando uma placa, e pode ser constituído por várias camadas. Apresenta resistência mecânica média a impactos e permite o empilhamento, mas apresenta baixa resistência à umidade.
b. **Tambores** – Fabricados de materiais metálicos ou plásticos, têm capacidade padrão de 200 L. São adequados para líquidos, produtos pastosos, produtos em pó e granulados. Apresenta alta resistência mecânica.
c. **Fardos** – São sistemas de amarramento de produtos de baixa densidade (algodão, lã, borracha, tecidos, resmas de papel, bagaço de cana etc.) e têm como vantagem a redução do volume desses produtos. Além disso, facilitam o manuseio e o uso de equipamentos de movimentação.

As embalagens também fazem parte da definição do tipo de estrutura que será utilizada na área de armazenagem e do tipo de equipamento de movimentação.

>>> Unitização

Tendo em vista a ampliação das vantagens do uso de embalagens, surgiu o conceito de **unitização**, que consiste no acondicionamento de vários volumes uniformes em unidades de carga, com o objetivo de reduzir os custos de viagem e o tempo de permanência dos veículos transportadores nos pontos de embarque e desembarque, além de fornecer maior segurança à carga, eliminando-se seu manuseio direto.

As vantagens desse processo são as seguintes:

a. minimização do custo hora/homem, uma vez que a movimentação de vários volumes se faz de uma única vez;
b. menores custos de manutenção e melhor controle do inventário;
c. rapidez na estocagem;
d. racionalização do espaço de armazenagem, com melhor aproveitamento vertical da área de estocagem;
e. redução da quantidade de operações de movimentação;
f. redução do número de acidentes pessoais;
g. economia no custo da movimentação;
h. redução de danos aos produtos;
i. redução do tempo de rotulagem;
j. melhor aproveitamento dos equipamentos de movimentação;
k. uniformização do local de estocagem.

Os principais sistemas de unitização de cargas são os seguintes:

a. **Pré-lingagem** – Nesse sistema, a carga, normalmente embalada em sacos ou fardos, é acondicionada em redes especiais ou cordas de náilon, de forma a proporcionar fácil manuseio por guindastes, para aumentar a velocidade de carregamento e descarregamento.
b. **Paletização** – Nesse sistema de unitização, são utilizadas plataformas de madeira, aço, alumínio, plástico ou papelão como suportes de cargas, às quais estas ficam amarradas. Os paletes apresentam vãos em sua parte inferior, que permitem o encaixe dos garfos das empilhadeiras ou de paleteiras, otimizando o manuseio da carga. Os tipos de paletes mais comumente utilizados são os de padrão Brasil (PBR), com quatro entradas, não reversíveis (há uma face superior, o que não permite, portanto, que sejam utilizados em qualquer posição), com dimensões de 1,00 m × 1,20 m.

No caso de **paletização**, a fixação da carga no palete deve ser realizada de modo que possa ocorrer a movimentação sem qualquer problema. Essa fixação ocorre por meio de:

a. cintas, que são passadas ao redor dos paletes e que podem ser fabricadas de náilon, polipropileno, poliéster ou metal;
b. filme termorretrátil ou termoencolhível (*shrink*) de polietileno, que envolve a carga e o palete, conferindo maior estabilidade, além de fornecer impermeabilização.

Outra forma de agrupamento de carga é a **conteinerização**, que consiste em alocar as cargas em um receptáculo em forma de baú, chamado *contêiner*, que proporciona maior segurança e facilidade de movimentação e transporte. O contêiner apresenta a capacidade de ser fácil e agilmente transferido entre vários modos de transportes (rodoviário, ferroviário, aquaviário ou aéreo), sem danos à carga, o que é possibilitado pela padronização de suas dimensões. A conteinerização é a unitização de carga mais amplamente utilizada no transporte internacional.

O contêiner pode ser construído de aço, alumínio ou fibra e foi criado para o transporte de mercadorias das mais diferentes naturezas, sendo suficientemente forte para resistir ao uso constante. O contêiner é identificado com as marcas do proprietário e o local de registro, número, tamanho, tipo, bem como a definição de espaço e peso máximo que pode comportar, entre outros aspectos.

As vantagens do uso de contêineres são as seguintes:

a. Possibilita o uso de embalagens mais leves e mais baratas, uma vez que o próprio contêiner oferece maior proteção contra choques e intempéries.
b. Dificulta o furto de cargas.
c. Evita a contaminação entre cargas incompatíveis.
d. Reduz o índice de avarias.

e. Facilita a movimentação e os transbordos, utilizando-se equipamentos especialmente projetados para esses fins.
f. Viabiliza a intermodalidade.

Os contêineres seguem a padronização da Norma TC-104 da International Organization for Standardization (Organização Internacional para Padronização – ISO, 1961). Os dois principais tipos de contêineres são os de 40 pés (dimensões de 40′ × 8′ × 9′6″, capacidade volumétrica de 60 m³ e capacidade de peso de 38 t) e os de 20 pés (dimensões de 20′ × 8′ × 8′6″, capacidade volumétrica de 33,2 m³ e capacidade de peso de 30,5 t).

Há dez categorias de contêineres, conforme suas características (Rodrigues, 2003):

» 0: contêiner fechado.
» 1: contêiner fechado e ventilado.
» 2: contêiner isolante e térmico.
» 3: contêiner refrigerado.
» 4: contêiner refrigerado com equipamento removível.
» 5: contêiner com teto livre.
» 6: plataforma.
» 7: contêiner-tanque.
» 8: contêiner de granel e de gado.
» 9: contêiner ventilado.

Quanto à natureza da carga, os contêineres podem ser classificados em:

a. **Carga geral (*dry cargo*)** – São contêineres para carga seca, embalada ou unitizada.
b. **Térmicos** – Apresentam isolamento térmico ou equipamentos para manter a temperatura interna do contêiner.
c. **Tanques** – São destinados ao transporte de líquidos.
d. **Granel** – São destinados ao transporte de materiais soltos, como grãos.

e. **Plataformas** – São formados apenas pelo piso, sem a estrutura lateral e superior, e são ideais para produtos que excedam as dimensões do contêiner, mas que aproveitem a facilidade de movimentação proporcionada por ele.
f. **Especiais** – Destinam-se a cargas que tenham características não contempladas pelos tipos anteriores, como carga viva.

Pela variedade e flexibilidade, os contêineres são a principal forma de unitização no comércio internacional, facilitando a movimentação e o transporte de cargas, com vantagens de custo.

» Utilização cúbica

Quando se trata de armazéns, o importante é ocupar o **espaço tridimensional**, e não a área; portanto, é necessário considerar também a sua altura ou pé direito.

Ao se trabalhar com carga unitizada por paletes, a capacidade do armazém é definida pela quantidade de espaços reservados para a guarda desses paletes. A isso chamamos de *posição de paletes*.

Outra preocupação que deve haver na utilização do espaço do armazém é a **acessibilidade**, ou seja, a capacidade de se alcançarem os produtos desejados, que define os tipos de equipamentos de movimentação que serão necessários.

Assim, definimos **utilização cúbica** como a capacidade volumétrica do depósito, considerando-se a acessibilidade, ou seja, descontando-se o espaço necessário para a movimentação da carga, caracterizado pelos corredores entre as prateleiras.

Quando se utilizam estantes porta-paletes, é necessário calcular a quantidade de posições para armazenar uma determinada quantidade de materiais. **Posições** são os nichos nas estantes nas quais se pode armazenar um ou mais paletes, com empilhamento.

Como exemplo, vamos considerar uma empresa que deseja armazenar 13.500 caixas unitizadas em paletes com 30 caixas cada. Quantas posições de paletes são necessárias, considerando-se um empilhamento de três paletes?

Em primeiro lugar, calculamos a quantidade de paletes necessária para agrupar as caixas:

$$Q_t = \frac{\text{Quantidade de caixas total}}{\text{Quantidade de caixas por palete}} = \frac{13.500 \text{ caixas}}{30 \text{ caixas/palete}} = 45 \text{ paletes}$$

Como em cada posição são colocados três paletes empilhados, temos:

$$P = \frac{Q_p}{\text{paletes/posição}} = \frac{45}{3} = 15 \text{ posições}$$

Assim, são necessárias 15 posições para acomodar as 13.500 caixas unitizadas em paletes com 30 caixas.

» Localização de produtos no armazém

Dentro de um armazém, é importante dispor os itens em uma área que promova sua adequada proteção, facilite sua movimentação e os separe de outros itens que possam causar danos por contaminação ou reação. A definição da localização dos produtos pode seguir um dos seguintes critérios:

a. **Agrupar itens funcionalmente relacionados** – Produtos que tenham aplicações similares são alocados em uma mesma área. É o caso de parafusos, porcas, arruelas e rebites.

b. **Agrupar itens de giro rápido** – Produtos que são consumidos e repostos com grande frequência são alocados em um lugar mais próximo da saída do armazém, facilitando a movimentação para abastecimento da linha ou para serem expedidos; por outro lado, produtos com baixa frequência de consumo permanecem em áreas mais distantes.

c. **Agrupar itens fisicamente semelhantes** – É preciso armazenar de acordo com alguma característica comum, como volume, peso e estado físico (líquidos, gases).
d. **Localização fixa** – Há um local específico para armazenagem de cada produto, facilitando sua busca e movimentação.
e. **Localização flutuante** – A armazenagem ocorre em qualquer posição que esteja disponível, sendo útil o uso de um *software* (como o *warehouse management system* – WMS) para registrar o endereçamento e permitir a busca quando necessário.
f. **Armazenamento de ponto de uso** – Há vários locais de armazenagem próximos aos pontos de consumo, o que facilita o abastecimento.
g. **Armazenamento central** – Há um único local que abastece os diversos pontos de consumo.

A localização dos materiais, portanto, visa racionalizar a ocupação do espaço de armazenagem ao seguir um dos critérios descritos.

» Movimentação de materiais

Podemos definir a **movimentação de materiais** como a operação ou o conjunto de operações que envolvem a mudança de localização de objetos de uma estação de trabalho para outra ou para sua armazenagem interna ou externa, em uma mesma unidade industrial, depósito ou terminal. A movimentação de materiais representa cerca de 15% dos custos totais de produção. No ciclo de transformação (do recebimento da matéria-prima até a expedição do produto acabado), o tempo de movimentação e armazenagem é em torno de quatro vezes maior do que o tempo de processamento. Por ser uma atividade que não agrega valor ao produto, deve ser planejada, de maneira que ocorra com a menor frequência possível (Ballou, 2006).

Os objetivos do processo de movimentação de materiais são os seguintes:

a. **Redução de custos** – Está relacionada à otimização do uso de mão de obra, materiais e equipamentos.
b. **Aumento de capacidade produtiva** – Relacionada ao aumento da produção, afeta a capacidade de armazenagem necessária e a distribuição da armazenagem.
c. **Melhor distribuição** – Visa à melhoria da circulação, à definição da localização estratégica do almoxarifado para atender às operações e aos clientes, à melhoria dos serviços de usuários e à maior disponibilidade de produtos.

Podemos mensurar a eficiência da movimentação de materiais de diversas maneiras, dependendo dos objetivos:

a. **Fluxo das operações** – Refere-se à definição dos caminhos preferenciais entre os diversos postos de trabalho, de acordo com uma sequência lógica.
b. **Mínima distância** – Refere-se à estruturação da área, de maneira que as distâncias percorridas pelos equipamentos de movimentação sejam as menores possíveis.
c. **Mínima manipulação** – Refere-se à necessidade de que o material seja movimentado o menor número de vezes possível.
d. **Segurança e padronização** – São itens a serem observados para reduzir o risco de acidentes e para se trabalhar com cargas de dimensões-padrão.

e. **Flexibilidade** – Refere-se à capacidade de movimentar diversos tipos de materiais e por diversos trajetos.
f. **Máxima utilização de equipamentos** – É preciso programar a movimentação, de forma que os equipamentos não permaneçam ociosos ou movimentando-se vazios.
g. **Máxima utilização da gravidade** – Quando possível, deve-se utilizar o desnível, para que materiais sejam movimentados de uma estação de trabalho para outra.
h. **Menor custo total** – É importante executar a movimentação de forma que o custo total do processo seja o menor possível.

Os fatores que limitam e restringem a movimentação de materiais são os seguintes (Ballou, 2006):

a. **Capital investido** – O montante disponível para se investir em equipamentos de movimentação é limitado, não permitindo, em algumas situações, que se disponha de equipamentos adequados ou em quantidade suficiente para atender às necessidades da empresa.
b. **Perda de flexibilidade** – A escolha da estrutura e dos equipamentos restringe o tipo de embalagem ou a unitização utilizada.
c. **Vulnerabilidade a paradas** – É a descontinuidade do fluxo de materiais em virtude de parada de equipamentos, o que compromete o resultado da operação.
d. **Manutenção** – É necessário ter um programa de manutenção (preventiva e preditiva), que garanta o pleno funcionamento dos equipamentos.
e. **Custos de equipamentos auxiliares** – São cintas para amarração, baterias extras, carregadores etc.

A gestão eficiente desses fatores garante o menor impacto possível nos custos dos processos logísticos, que, como vimos anteriormente, são significativos em relação ao custo total da empresa.

›› Equipamentos de movimentação

Nos sistemas de movimentação de materiais, são utilizados diversos tipos de veículos industriais, que podem ser motorizados ou não. Esses equipamentos são adequados para movimentos intermitentes e percursos variáveis, sendo utilizados para transportar os materiais ou manobrá-los para mudar sua posição.

Esses veículos podem ser classificados de acordo com a sua **fonte de energia motriz**, conforme segue:

a. **Manual** – A força motriz provém do operador do equipamento.
b. **Elétrica** – É ligado à rede elétrica ou utiliza baterias recarregáveis.
c. **Combustão interna** – São equipamentos motorizados (empilhadeiras, por exemplo) que utilizam combustíveis como gasolina, diesel e gás liquefeito de petróleo (GLP).

Outra classificação considera o **tipo de controle**:

a. **Por operador** – O operador está embarcado no equipamento de movimentação: sentado ou em pé.
b. **Por pedestre** – O operador anda acompanhando a movimentação do equipamento.
c. **Sem operador** – São equipamentos automatizados, que se movimentam e executam tarefas de acordo com um programa preestabelecido, como os veículos guiados automaticamente (*automated guided vehicles* – AGV), que apresentaremos adiante.

Uma terceira classificação diz respeito à **forma de deslocamento**:

a. **Unidirecional** – Movimentam-se em uma única direção, como esteiras.
b. **Bidirecional** – Movimentam-se em duas direções, como elevadores.

c. **Multidirecional** – Movimentam-se em várias direções, como empilhadeiras e pontes rolantes.

As vantagens da utilização desses veículos são as seguintes:
a. flexibilidade quanto ao percurso e quanto aos pontos de carga e descarga;
b. possibilidade de transportar cargas de pesos e formatos variáveis;
c. facilidade para manobrar e posicionar a carga;
d. possibilidade de controles automatizados.

Por outro lado, as limitações da utilização desses veículos são:
a. necessidade de espaços para corredores e manobras;
b. geralmente, a eficiência depende do operador;
c. necessidade de superfície de rolamento adequada;
d. perda de eficiência em áreas congestionadas.

Entre os principais veículos, há os **carrinhos manuais**, ideais para a movimentação de cargas pequenas em curtas distâncias e em espaços limitados, para mercadorias que não estejam unitizadas em paletes. As vantagens desses carrinhos são o baixo valor de aquisição, a versatilidade quanto ao tipo de carga e o baixo custo de manutenção. Suas desvantagens são a capacidade de carga limitada e a baixa velocidade de deslocamento, uma vez que dependem da velocidade do operador.

Outro tipo de veículo de propulsão manual são os **carrinhos com escada e plataforma**, constituídos por uma escada, montada em uma base sobre rodas, conjugada com uma plataforma para deposição de carga. Esse tipo permite o acesso a locais elevados de armazenagem.

Os **carrinhos porta-paletes** ou **paleteiras** são veículos industriais manuais utilizados para o transporte horizontal de cargas paletizadas, sendo dotados de patolas ou garfos que entram sob o palete, elevando-o por uma pequena altura e liberando-o do piso.

Os **carrinhos manuais com guinchos** são veículos de deslocamento manual, constituídos por um guincho apoiado sobre patolas, próprios para o deslocamento de itens pesados e não normalizados, sendo muito utilizados em processos de manutenção.

As **paleteiras elétricas** são versões das paleteiras manuais com energia fornecida por bateria elétrica. Foram concebidas para carregar e descarregar caminhões, para transportar cargas por distâncias moderadas ou quando a demanda é grande e com limitação de espaço, necessitando, por isso, de maior capacidade e velocidade do que as paleteiras manuais.

Por outro lado, os **colchões de ar ou filme d'água** partem de uma concepção diferente. São dispositivos que, aplicados sob uma determinada carga, elevam-na por meio de uma almofada de ar (ou água), reduzindo significativamente o atrito e facilitando sua movimentação horizontal, com o mínimo de esforço para seu deslocamento.

Talvez o veículo de movimentação mais utilizado seja a **empilhadeira**. Empilhadeiras podem ser elétricas (movidas a baterias) ou de combustão interna (gás natural veicular – GNV, GLP, diesel ou gasolina). São usadas para cargas mais pesadas, principalmente para o transporte de cargas paletizadas, e deslocamentos de distâncias maiores.

A capacidade de carga das empilhadeiras varia conforme seu uso. Para uso em ambiente industrial, a capacidade normalmente é de até 5,0 t. Para uso especial, como elevação de contêineres de 40 pés, sua capacidade pode ser de até 52 t.

Quanto ao seu alcance vertical, as empilhadeiras comuns com contrapeso atingem, em média, até 6 m de altura. Empilhadeiras patoladas, com um apoio maior no solo, chegam a 7 m. Empilhadeiras com torre retrátil podem alcançar até 12 m de altura, e há outros tipos especiais que atingem alturas ainda maiores.

» *Escolha de empilhadeiras*

A escolha de empilhadeiras depende de diversos fatores, como:

a. **Local onde serão utilizadas** – Se forem utilizadas na área de armazenagem, é desejável que tenham um bom alcance vertical. No entanto, se forem utilizadas na área de produção, movimentando cargas entre as estações de trabalho, essa característica não é importante.
b. **Estrutura do local** – Aspectos como altura do armazém, largura das ruas e tipo de piso interferem na escolha das empilhadeiras.
c. **Tipo de indústria e características ambientais** – Devem ser consideradas as restrições de processos ou ambientais na escolha de empilhadeiras. Por exemplo, empilhadeiras utilizadas em indústrias alimentícias e farmacêuticas devem ser do tipo elétrica, para não produzir agentes atmosféricos que possam contaminar os produtos movimentados.
d. **Carga a ser movimentada** – Deve-se considerar as características da carga, como peso, volume, densidade e forma de unitização.
e. **Ciclo de movimentação das cargas** – Deve-se considerar com que frequência e por quais distâncias a carga deve ser movimentada.

No Quadro 4.1, temos um comparativo entre os tipos de empilhadeiras conforme a fonte de energia utilizada. Os códigos empregados para a escala de desempenho são baseados em quatro pontos, identificados pelas letras *A*, *B*, *C* e *D*. A letra *A* indica o tipo mais adequado para a situação apresentada na primeira coluna, enquanto a letra *D* indica o tipo menos indicado.

» **Quadro 4.1:** Comparação entre os tipos de empilhadeiras conforme a fonte de energia

Situação	Elétrica	GLP	Gasolina	Diesel
Necessidade de baixo ruído	A	C	C	D
Investimento inicial	C	A	A	B
Custo de manutenção	A	A	B	B
Capacidade de carregamento de combustível	A	B	D	C
Custo do combustível	A	B	D	C
Operação livre de emissão de particulados	A	C	C	C
Áreas com risco de incêndio	A	C	C	C
Cargas pesadas	D	C	C	A
Facilidade de uso	A	B	B	B
Rotas com inclinações ou piso irregular	D	B	B	A
Uso em áreas internas	A	A	C	D
Áreas frigoríficas	A	C	D	D
Autonomia entre reabastecimentos	C	B	B	A

Assim, podemos resumir os usos, as vantagens e as limitações das empilhadeiras da seguinte forma:
a. São adequadas para a movimentação, em fluxo intermitente, de materiais diversos e em percursos variáveis.
b. Apresentam o transporte e a elevação combinados em um único equipamento.
c. São flexíveis e rápidas em relação ao percurso.
d. São adequadas para cargas paletizadas.
e. Necessitam de corredores, de espaço para manobras e de operadores especializados.
f. Normalmente, o retorno ocorre com o equipamento vazio.

Portanto, as empilhadeiras são veículos de movimentação extremamente versáteis, apesar das restrições que apresentamos, e podem trabalhar com diversos tipos de carga para melhorar a utilização vertical do espaço de armazenamento.

» *Veículos especiais*

Há versões de veículos projetados para situações de transporte específicas:
a. **Dumpers (veículos basculantes para granéis)** – São veículos motorizados, equipados com uma caçamba basculante e destinados ao transporte de granéis.
b. **Pórticos** – São equipamentos utilizados para movimentação de contêineres em portos, para carregá-los e descarregá-los de caminhões e navios.
c. **Automated guided vehicles (AGV)** – São veículos que independem de um operador embarcado. Têm como objetivo reduzir custos da manufatura e aumentar a eficiência, por seguirem uma programação prévia. Os principais tipos são:

- » **Rebocadores** – Transportam carros nos quais são colocadas as cargas e podem realizar o engate/desengate de forma autônoma.
- » **Carga única** – Dispõem de espaço para armazenar objetos sobre os próprios carros.
- » **Empilhadores** – Utilizam garfos semelhantes aos das empilhadeiras, permitindo a movimentação vertical da carga.

d. **Transportadores contínuos** – São sistemas manuais ou automatizados destinados à movimentação contínua de materiais, para levá-los a diversos pontos da fábrica, como:
  - » Correias e esteiras:
    - » por arraste;
    - » rolos, roletes e esferas;
    - » correntes.
  - » Elevadores.

e. **Transelevadores** – São equipamentos de movimentação e armazenagem de cargas unitizadas, normalmente em paletes, e são utilizados na área de armazenagem com acesso às prateleiras. Têm um comando remoto e apresentam a vantagem de necessitar de pouco espaço para manobra entre as prateleiras, o que melhora a ocupação volumétrica do armazém. Apresentam uma vasta gama de aplicações e três modos de funcionamento:
  - » manual;
  - » semiautomático;
  - » automático.

f. **Pontes rolantes** – Consistem em vigas apoiadas sobre trilhos paralelos colocados acima do piso e instalados nas colunas do prédio. São robustas e duráveis, permitindo o movimento tridimensional. Por realizarem a movimentação na área de cargas, facilitam o *layout* e não há necessidade de corredores. Apresentam grande capacidade de carga.

Assim, apresentamos uma visão abrangente dos equipamentos utilizados para a movimentação e a armazenagem de materiais, que são alvo de inovações tecnológicas que os tornam mais rápidos, com maior capacidade, mais econômicos e com custos operacionais menores.

>>> Estudo de caso

A empresa SDF Ltda. é um operador logístico que trabalha com diversos tipos de produtos. A empresa investiu em um novo centro de distribuição, que trabalhará com produtos da linha branca, produtos farmacêuticos e produtos eletroeletrônicos. A área da linha branca apresenta um pé direito (altura) de 6 m, boa ventilação, com estantes porta-paletes e largos corredores, por causa do tamanho das cargas. A área dos produtos farmacêuticos é segregada, para que não haja contaminação dos produtos. Por fim, a área de eletroeletrônicos tem um pé direito de 3 m, na qual são armazenados pequenos volumes não unitizados.

O gerente dessa implantação precisa definir, agora, os equipamentos que serão adquiridos para movimentar cargas em cada uma dessas áreas. Para a área de linha branca, o gerente optou por uma empilhadeira a diesel, mais adequada a cargas pesadas, pela capacidade de elevação e por ter autonomia maior entre abastecimentos. A empilhadeira elétrica mostra-se mais adequada para a movimentação de produtos farmacêuticos, por não emitir particulados que possam contaminá-los. Para a área de eletroeletrônicos, serão comprados carrinhos manuais, para a coleta dos pequenos volumes.

» Síntese

A **armazenagem** é a área da logística que se ocupa da guarda ordenada de produtos acabados, com o objetivo de maximizar o nível de atendimento aos clientes com o mínimo custo possível. As funções da armazenagem incluem a manutenção dos produtos, a consolidação da carga, o fracionamento de volumes e a combinação de produtos.

Há estruturas específicas para a armazenagem, de acordo com o tipo de produto, como silos e tanques, para produtos a granel, estruturas metálicas, cantiléveres, estantes e mezaninos.

As **embalagens** são itens importantes no processo de armazenagem, pois fornecem proteção aos produtos, facilitando seu manuseio, armazenagem e transporte, além de serem meios de comunicação, apresentando informações sobre os produtos e auxiliando na sua venda.

A **unitização** é o processo que consiste em acondicionar vários volumes uniformes em uma unidade de carga, com o objetivo de reduzir custos de viagens e facilitar a movimentação dessas cargas. Os principais meios de unitização são os paletes, os fardos e os contêineres.

A estrutura para a armazenagem de paletes, também chamada de **estante porta-paletes**, propicia o aproveitamento do espaço de armazenagem. Essas estantes apresentam **posições**, nichos nos quais os paletes são armazenados.

O **local** no qual o armazém ou centro de distribuição será instalado se dá em função das demandas que devem ser atendidas e das localizações dos pontos de consumo.

A **movimentação de materiais** é definida como a operação ou o conjunto de operações que envolvem a mudança de localização de uma estação de trabalho para outra ou para uma área de armazenagem, o que é realizado por meio de veículos, manuais ou motorizados, sendo o principal tipo de veículo a **empilhadeira**, destinada à movimentação de paletes.

» Questões para revisão

1) Você trabalha em um operador logístico e deve estruturar um depósito para sapatos. Esses sapatos vêm em caixas de 18 cm × 15 cm × 30 cm (largura × altura × profundidade). Na primeira etapa, deverão ser acondicionados em paletes, em uma altura máxima de 1,5 m, com 12 caixas em cada camada. Esses paletes serão armazenados em estruturas porta-paletes até que a documentação para exportação esteja pronta. Cada posição do porta-paletes tem altura útil de 3,1 m, comportando 2 paletes empilhados. Você receberá por mês 12.000 pares de sapatos. Quantas posições deverão ser destinadas para a armazenagem de sapatos?

2) Quais são os custos envolvidos no processo de armazenagem?

3) É atividade do processo de armazenagem:
   a. cuidar do relacionamento com os fornecedores.
   b. minimizar o esforço físico na movimentação e na guarda de produtos.
   c. criar a política de estoques.
   d. definir a especificação dos produtos.

4) Assinale a alternativa **incorreta**:
   a. É função da embalagem proteger o produto do meio ambiente e de choques mecânicos.
   b. O contêiner não é uma forma de unitização, apenas uma embalagem mais resistente.

c. A unitização tem como vantagem, entre outras, a rapidez de estocagem.

d. A paletização otimiza o manuseio da carga e a ocupação do espaço, na área de armazenagem e em veículos.

5) Assinale a alternativa correta:
a. O uso de contêineres reduz o custo das embalagens, uma vez que o próprio contêiner propicia proteção à carga.
b. Segregação é uma forma de posicionar os produtos no armazém para facilitar a localização e agrupar itens que tenham diferenças físicas significativas.
c. O WMS não permite que se realize o endereçamento dos produtos dentro do armazém, pois trabalha com posições fixas.
d. As empilhadeiras são veículos de movimentação de carga extremamente versáteis e que não necessitam de espaço para manobras.

» Questões para reflexão

1) Identifique os componentes do custo de armazenagem na operação de um supermercado.

2) Como seria estruturada a forma de localização para cargas unitizadas em contêineres?

>>> Para saber mais

Para aprofundar seus conhecimentos sobre os assuntos tratados neste capítulo, consulte os seguintes textos e vídeo:

GUIALOG. *Artigos sobre movimentação e armazenagem.*
Disponível em: <http://www.guialog.com.br/artigos-m&a.htm>.
Acesso em: 30 out. 2014.

RODRIGUES, P. R. A. *Gestão estratégica de armazenagem.* 2. ed.
São Paulo: Aduaneiras, 2007.

YOUTUBE. *Movimentação e armazenagem* – parte 2-2. Disponível em: <http://www.youtube.com/watch?v=ddbNLGUQ-ww>.
Acesso em: 30 out. 2014.

>>> Perguntas & respostas

Como os processos de armazenagem e movimentação podem reduzir os custos logísticos de uma operação?

Esses processos podem reduzir os custos logísticos por meio dos seguintes fatores: adequada definição de estruturas de armazenagem e de equipamentos de movimentação; ocupação racional do espaço disponível para a armazenagem; definição do *layout* que garanta fácil movimentação, considerando-se que as distâncias percorridas sejam as menores possíveis; unitização de cargas que facilitem a movimentação e armazenagem dos produtos; utilização de embalagens que garantam a adequada proteção ao produto.

CODIFI-CAÇÃO DE MA-TERIAIS

》》 Conteúdos do capítulo

» Neste capítulo, apresentamos as formas de especificação e os tipos de codificação utilizados para identificação dos materiais durante as operações de armazenagem, movimentação e transporte.

» Você, leitor, ao final deste capítulo, conhecerá as principais formas e tecnologias de codificação, bem como suas aplicações e vantagens.

Especificação de materiais

A **especificação** de um material é a descrição destinada à compra desse material. Deve ser elaborada de modo que:

a. seja clara, precisa e concisa, isto é, não gere dúvidas a todos os envolvidos no processo de aquisição e guarda do material;
b. descreva o material do geral para o particular;
c. contenha todos os dados necessários ao fornecimento correto do material;
d. permita o recebimento e a inspeção do material;
e. não contenha características desnecessárias que possam encarecer e/ou dificultar a aquisição do material;
f. corresponda às especificações comerciais de uso corrente, se possível (por exemplo, caneta esferográfica BIC ou similar).

A especificação pode ser de dois tipos: por referência e padronizada.

Especificação por referência

A **especificação por referência** é aquela que relaciona a descrição de um produto a uma denominação de projeto ou comercial, conforme nos mostra a Figura 5.1.

» **Figura 5.1:** Especificação por referência

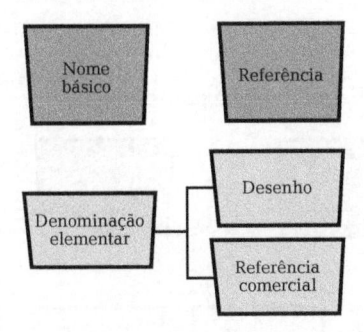

```
        [Nome básico]          [Referência]

                              ┌── [Desenho]
        [Denominação ─────────┤
          elementar]          └── [Referência
                                   comercial]
```

Um exemplo de especificação por referência seria: rolo completo e montado, conforme desenho de conjunto 28965. A peça será produzida conforme seu desenho, no qual, além de suas dimensões, constam todas as indicações sobre os materiais utilizados e o acabamento (qualidade) exigido. Portanto, não é uma peça de estoque, mas feita sob encomenda.

Já um exemplo de especificação por referência comercial seria: rolamento fixo de uma carreira de esferas, diâmetro interno de 50 mm, diâmetro externo de 90 mm, espessura de 20 mm; código comercial RLG 6210 ou similar. Nesse caso, mencionamos o código comercial do fabricante, para evitar que seja entregue outra peça com alguma característica diferente.

⟩⟩⟩ Especificação padronizada

A **especificação padronizada** é aquela que segue uma norma ou uma referência técnica, de uso e aceitação comercial e pela indústria e definida por algum órgão normalizador, como a Associação Brasileira de Normas Técnicas (ABNT), a Society of Automotive Engineers (SAE) e a International Organization for Standardization (ISO).

A elaboração da especificação ocorre conforme o esquema da Figura 5.2.

» **Figura 5.2**: Especificação padronizada

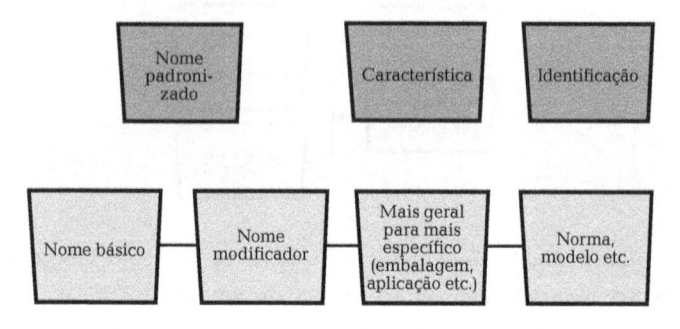

[Nome padronizado] [Característica] [Identificação]

[Nome básico] — [Nome modificador] — [Mais geral para mais específico (embalagem, aplicação etc.)] — [Norma, modelo etc.]

Considere o seguinte exemplo: barra de aço secção redonda, diâmetro de 88,90 mm (3 1/2", em polegadas), 48,680 kg/m; em barra de 3 m de comprimento, SAE-1020. Nesse exemplo, o nome básico é *barra de aço*, o nome modificador é *secção redonda*, que define a forma do material. As características vêm a seguir, definindo as medidas e, por último, a norma (SAE 1020), que torna a especificação clara e não sujeita a dúvidas.

» Codificação

À medida que o mundo industrial se desenvolveu, as empresas passaram a se preocupar em identificar facilmente a grande quantidade e diversidade de peças componentes e sobressalentes de máquinas, motores e equipamentos. A solução encontrada foi a representação dos materiais por meio de um conjunto de símbolos que estão relacionados às características dos materiais.

A **codificação de materiais** tem como objetivo a identificação inequívoca, por meio da associação de um código a um determinado material. Os sistemas de codificação de materiais estão relacionados a bancos de dados de sistemas de gerenciamento empresarial, que garantem que qualquer ação envolvendo um material (entrada, saída, custeio, solicitação, compra etc.) seja devidamente registrada, processada e percebida por todas as áreas interessadas.

Os objetivos da codificação de materiais são:

a. desenvolver métodos de codificação de maneira simples, racional, metódica e clara para identificar os materiais;
b. definir instruções técnicas de controle de estoque e compras indispensáveis ao bom desempenho das unidades da empresa;
c. permitir as atividades de gestão de estoque e compras;
d. facilitar a comunicação interna da empresa no que se refere a materiais e compras;
e. facilitar a padronização dos materiais;
f. evitar duplicidade de itens em estoque;
g. facilitar o controle contábil dos estoques

O cadastro de produtos pode ser realizado de diversas formas. Neste capítulo, apresentamos três formas de codificação: a alfanumérica, o código de barras e a *radio frequency identification* (RFID).

>>> Sistemas de codificação alfanumérica de identificação de produtos

Os sistemas de codificação alfanumérica são sistemas tradicionais, que associam um código formado por letras e/ou números a um material, normalmente composto por campos que definem a família, o grupo e o subgrupo do produto.

Como modelo desse sistema, considere o seguinte método de codificação:

1) Dividir o universo dos materiais em grandes grupos, relacionados a uma classificação abrangente, de acordo com o campo de emprego, numerando-os de 01 a 99.
2) Dividir os grupos em subgrupos de materiais com características semelhantes e genéricas, também numerando-os de 01 a 99.
3) Dividir os subgrupos em classes de materiais com características específicas, também numerando-os de 01 a 99.

Colocamos um campo identificador, preenchido por uma letra maiúscula, que está relacionado a uma característica do produto. Assim:

Grupo	Subgrupo	Classe	Campo identificador
00	00	00	x

Considere o seguinte exemplo: elaborar o código para o material chumbo em chapa de 0,50 m de largura × 3,18 mm (1/8") de espessura. Os grupos de materiais cadastrados no almoxarifado de uma empresa são definidos da seguinte maneira:

01 – material de escritório
02 – material de expediente
03 – material de segurança
12 – material elétrico
13 – material de construção civil
14 – ferragens
15 – metais
16 – refratários etc.

Para criarmos um código para os metais, fixamos o código de grupo 15, para o qual temos os seguintes subgrupos:

01 – metais ferrosos
02 – metais não ferrosos

Fixando-se o subgrupo 02, de metais não ferrosos, este é subdividido nas classes:

01 – bronze
02 – latão
03 – chumbo
04 – antimônio

Definindo o código 03 para o chumbo, temos, ainda, os seguintes códigos identificadores:

A – chumbo em lingote
B – chapa de 0,50 m de largura × 3,18 mm (1/8") de espessura
C – chapa de 0,50 m de largura × 4,86 mm (3/16") de espessura
D – chapa de 0,50 m de largura × 6,35 mm (1/4") de espessura etc.

O código final é gerado da seguinte forma:

Grupo	Subgrupo	Classe	Número identificador
15	02	03	A

A codificação alfanumérica foi o primeiro passo para a identificação inequívoca de materiais, abrindo caminho para outros sistemas.

»» Código de barras

O chamado *código de barras* é composto por barras claras e escuras intercaladas que, ao passarem por um leitor ótico, são identificadas por um sistema, o qual realiza a correspondência com o material. Essa codificação tem como objetivos identificar produtos em um armazém, sem a necessidade de movimentá-los, facilitar a comunicação entre parceiros comerciais e capturar automaticamente seus dados. Quando usada ao longo da cadeia produtiva, é uma chave única de identificação utilizada pelo comércio e pela indústria. Essas formas de codificação permitem fazer a relação com as características básicas de um item comercial, como:

- » tipo e variedade de produto;
- » marca;
- » dimensões e natureza da embalagem;
- » quantidade do produto por embalagem;
- » no caso de ser um agrupamento, número de itens e tipo de agrupamento (caixa, palete etc.);
- » país de origem (no caso do Brasil, temos o número 789), conforme a Figura 5.3.

» **Figura 5.3:** Código de barras com identificação de país de origem (três primeiros dígitos)

Fonte: Proteste, 2011.

Para utilização na identificação do produto ao longo da cadeia de suprimentos, há dois tipos de códigos de barras:
1) **EAN/UPC** (*European article number/universal product code*) – É utilizado no varejo e nos pontos de recebimento e armazenagem.
2) **ITF-14** (*Interleaved two of five*) – É utilizado em depósitos, para itens que não serão comercializados, como caixas de papelão.

O código de barras se universalizou; tornou-se econômica e tecnicamente acessível às empresas e é utilizado atualmente em praticamente todos os produtos.

⟫ *Radio frequency identification* (RFID)

O sistema de identificação por radiofrequência (*radio frequency identification* – RFID) é um sistema de etiquetamento individual de mercadorias, aplicado pelas empresas desde os anos 1990, mas que apenas recentemente se tornou viável economicamente para uma gama mais ampla de aplicações. Surgiu na década de 1980 como uma solução para os sistemas de rastreamento e controles de acesso. Utilizado como uma alternativa ao sistema de código de barras, o RFID é composto por:
a. **Antena** – Emite e recebe sinais de rádio, que alimentam o sistema de identificação.
b. *Transceiver* – É o decodificador, o qual transforma os sinais de rádio em um código identificado pelo sistema, que permite o registro da movimentação dos materiais.
c. *Transponder* – Também chamado de *smart labels*, é composto por uma microantena, que recebe os sinais da antena do sistema e transmite a resposta por um *chip*, no qual estão

carregadas as informações sobre o produto, como mostra a Figura 5.4.

» **Figura 5.4:** Etiqueta de RFID

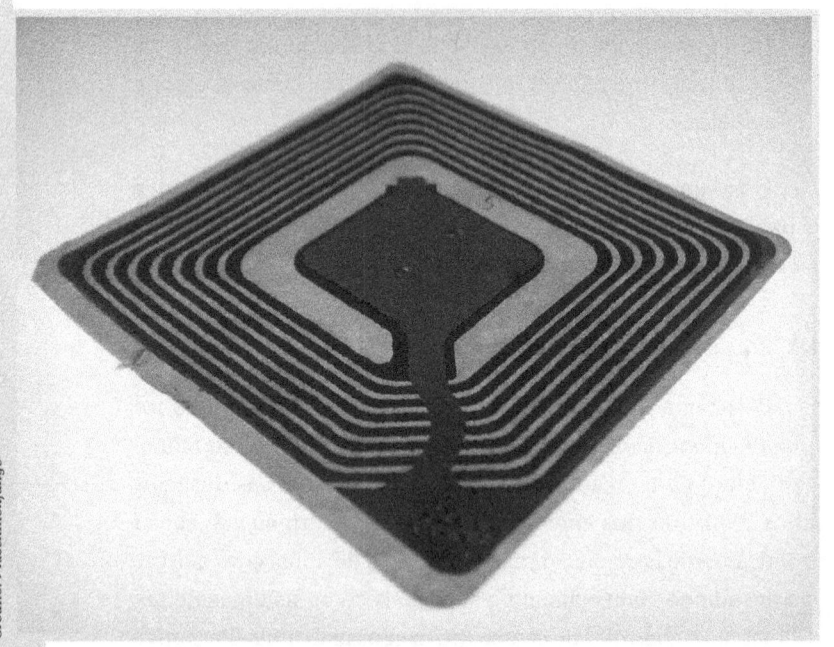

Crédito: Maschinenjunge

Atualmente, em virtude de sua capacidade de armazenagem de dados, facilidade e confiabilidade na leitura e barateamento do sistema, as etiquetas RFID têm ganho espaço em supermercados e lojas, além do uso em armazéns, que permite o controle das movimentações e endereçamentos dos produtos sem que haja a necessidade da conferência por parte dos operadores.

›› Estudo de caso

Um grande centro de distribuição apresenta um alto giro de mercadorias e vinha controlando todo o fluxo de materiais por código de barras. Pelo grande volume, ocorriam erros na alimentação do sistema em decorrência de falhas humanas, chegando a 2% de todas as movimentações realizadas, o que causava transtornos na localização dos produtos no armazém e gerava a necessidade de realização de inventários periódicos.

Optou-se, então, pela implementação de um sistema RFID. Esse sistema independe da ação humana para identificar e registrar as entradas e saídas de materiais, tendo a capacidade de identificar vários itens simultaneamente, alimentando diretamente o sistema de gestão. Após a implementação, os erros caíram praticamente para zero.

›› Síntese

Neste capítulo, apresentamos as formas de **identificação de materiais**, de maneira que não ocasione dúvidas ou duplicidades de registro.

Inicialmente, realizamos a **especificação do material**, sua descrição clara, precisa e objetiva. A especificação pode se dar **por referência**, que relaciona a descrição do produto a uma denominação comercial ou de projeto, ou **padronizada**, que relaciona a descrição a uma norma técnica.

A partir desse ponto, definimos um código para o produto, que é único e evita duplicidades de registro. Esse código pode ser **alfanumérico**, uma combinação de letras e números; **código de barras**, um conjunto de barras claras e escuras identificado por um leitor ótico; e por **radiofrequência** (RFID), com etiquetas compostas de um *chip* e uma antena, as quais respondem a ondas de rádio emitidas por um sistema que, ao receber a resposta da etiqueta, identifica o produto.

» Questões para revisão

1) Qual é a importância da especificação de materiais para a logística?

2) Quais são as características de elaboração de uma especificação?

3) Uma forma de especificar um produto é por referência. Esse tipo de especificação:
   a. segue uma norma técnica.
   b. está relacionada a produtos fornecidos por um monopólio.
   c. está relacionada a uma denominação comercial.
   d. define o que há de melhor no mercado.

4) A codificação é um processo que:
   a. atribui um código a um material ou produto, de maneira aleatória.
   b. busca identificar o material ou produto de forma inequívoca.
   c. serve apenas para a movimentação de materiais.
   d. não permite a padronização de materiais.

5) O sistema de identificação RFID:
   a. deve ser utilizado em conjunto com o código de barras.
   b. não é versátil, pois depende de leitores manuais para seu controle.

c. consome muita energia para alimentar o *chip*.
d. responde a ondas de rádio, identificando o produto e suas características.

» Questões para reflexão

1) Em que situação a codificação alfanumérica ainda pode ser utilizada com vantagem?

2) Como a utilização de identificação com etiquetas inteligentes (RFID) pode contribuir para o transporte de cargas que apresentam grande risco de roubo/furto?

»» Para saber mais

Para aprofundar seus conhecimentos sobre os assuntos tratados neste capítulo, acesse o seguinte *site*:

GS1 BRASIL – Associação Brasileira de Automação. Disponível em: <http://www.gs1br.org>. Acesso em: 30 out. 2014.

»» Perguntas & respostas

Quais são as vantagens do uso de sistemas de codificação para a identificação de produtos?

A maior vantagem do uso de codificação para identificação de produtos é o registro único para cada produto, o que evita a duplicidade de registros, facilita a gestão de estoques e compras e auxilia na padronização de materiais.

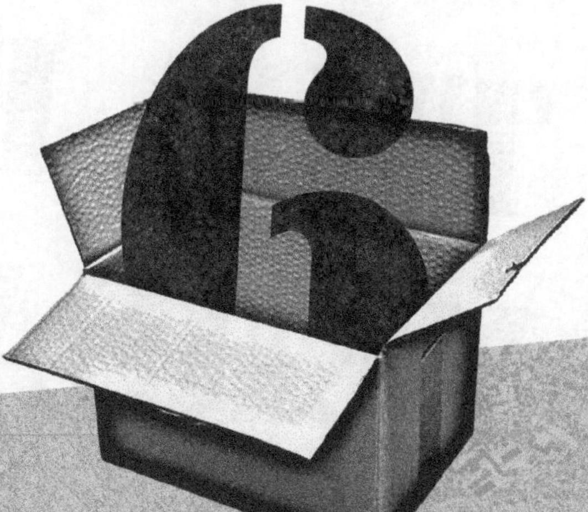
6

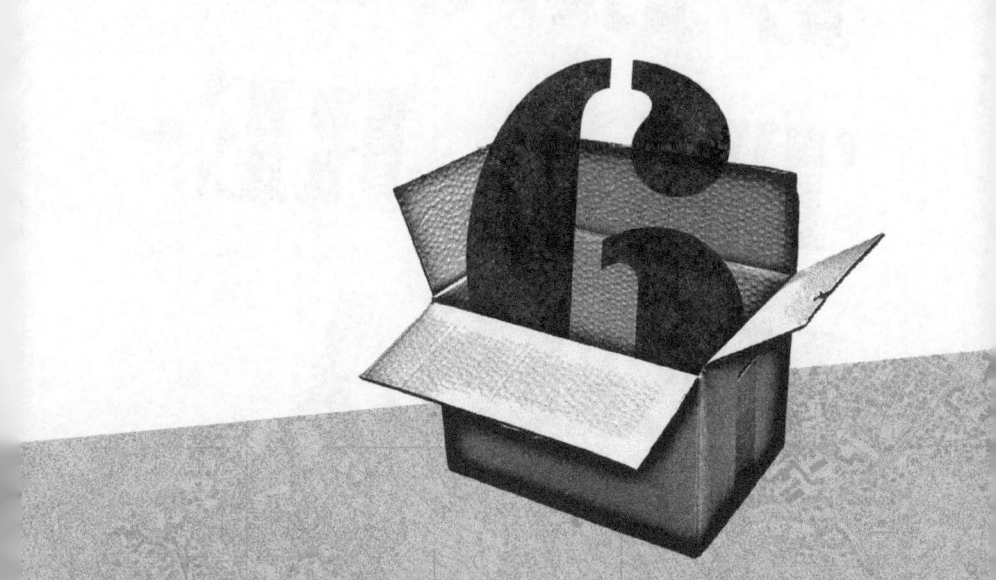

DISTRIBUIÇÃO FÍSICA E LOGÍSTICA REVERSA

››› Conteúdos do capítulo

» A disponibilidade de um produto acabado nos pontos de venda é uma das principais funções da logística. Assim, a eficiência e a eficácia desse processo são fundamentais para o alcance dos objetivos estratégicos.

» Neste capítulo, abordamos os conceitos e as práticas da distribuição física e da logística reversa, que se utiliza da estrutura de distribuição para o retorno de materiais para descarte, reaproveitamento ou reciclagem.

» Ao final, você, leitor, poderá identificar as estratégias de distribuição, calcular a posição de centros de distribuição pelo modelo matemático de baricentro de demandas e entender os conceitos básicos da logística reversa.

» Distribuição física

Distribuição física é o conjunto de processos operacionais e de controle que permitem transferir os produtos desde o ponto de fabricação até a sua entrega ao consumidor. A distribuição física necessita de uma estrutura, que é composta por:
a. **Depósitos ou centros de distribuição (CDs)** – São locais especializados na armazenagem adequada de produtos acabados, que atendem a uma determinada região.
b. **Veículos** – É preciso definir a frota, própria ou terceirizada, que realizará a ligação entre os CDs e os pontos de consumo.
c. **Estoques** – São as quantidades de materiais disponíveis para atender às demandas.
d. **Equipamentos de carga e descarga** – São empilhadeiras, paleteiras, esteiras ou qualquer outro equipamento que sirva para colocar ou retirar produtos dos veículos.

A distribuição física está relacionada à entrega de bens acabados, semiacabados ou componentes a consumidores finais ou a intermediários. A responsabilidade da logística de distribuição física consiste em garantir a disponibilidade de produtos a um custo razoável.

Podemos resumir os objetivos da distribuição física em:
a. garantir a rápida disponibilidade do produto em segmentos prioritários da cadeia de suprimentos;
b. intensificar o potencial de vendas por meio da rápida resposta ao cliente;
c. sedimentar a cooperação entre os participantes da cadeia de suprimentos;
d. garantir o nível de serviço logístico proposto;

e. garantir o fluxo de informações confiáveis entre os elos da cadeia de suprimentos, permitindo um melhor controle da operação e melhores subsídios para o planejamento;
f. buscar a redução de custos globais.

O transporte é parte integrante da distribuição física e, como vimos anteriormente, é o principal componente dos custos logísticos. Assim, uma distribuição física eficiente faz com que o impacto nos custos causado pelo transporte seja minimizado.

» Tipos de mercados atendidos

Considerando-se os objetivos que descrevemos no tópico anterior, a distribuição física atende a dois tipos de usuários: os usuários finais e os usuários intermediários (Ballou, 2006).

Os **usuários finais** podem ser tanto os **consumidores finais**, que utilizam o produto para atender às suas próprias necessidades, quanto os **consumidores industriais**, que utilizam os produtos recebidos para compor o seu produto final ou em atividades de apoio, como área administrativa, manutenção e segurança.

Já os **usuários intermediários** não consomem os produtos. Eles atuam como "pontes" entre os fabricantes e os usuários finais, por meio da armazenagem e da disponibilização dos produtos. Entre esses usuários, estão os **distribuidores** e os **atacadistas**.

De acordo com essa classificação de usuários, podemos também classificar o tipo de entrega como direta ou indireta. A **entrega direta** é aquela realizada a partir de estoques de produtos acabados existentes na fábrica, por meio de fornecedores ou diretamente das linhas de produção. A **entrega indireta**, por sua vez, utiliza sistemas de depósitos para realizar a ligação com os usuários finais (Ballou, 2006).

» Decisões de distribuição

As decisões que devem ser tomadas na área da distribuição física dizem respeito às **operações** e à **estrutura** para se atingirem os objetivos organizacionais. Assim, o primeiro conjunto de decisões diz respeito aos **transportes**: o tipo de modal a ser utilizado, se haverá intermodalidade e qual a sua composição, a partir de que localidade o produto será distribuído.

A próxima etapa consiste em definir a forma de **controle da operação**. Nesse ponto, são estabelecidos os procedimentos para estoques e para a expedição dos produtos. Quanto aos **depósitos**, as decisões dizem respeito ao local onde serão construídos ou estabelecidos, em que quantidade e qual a sua capacidade de armazenagem.

Quanto à **estrutura de distribuição**, há três tipos de canais: verticais, híbridos e múltiplos. Nos **canais verticais**, há a transferência de produtos de um elo para outro, desde a origem do produto até o consumidor, conforme nos mostra a Figura 6.1.

» **Figura 6.1:** Canal vertical

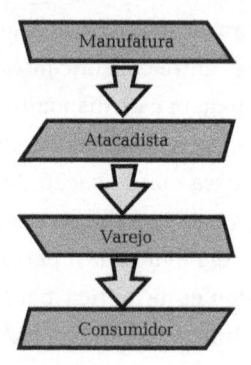

Manufatura
⇩
Atacadista
⇩
Varejo
⇩
Consumidor

Os **canais híbridos** são aqueles nos quais parte das funções é executada em paralelo por dois ou mais elementos da cadeia de suprimentos, como nos mostra a Figura 6.2.

» **Figura 6.2**: Canal híbrido

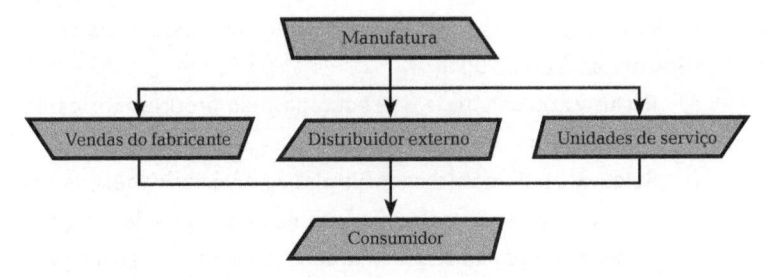

```
                    Manufatura
        ┌───────────────┼───────────────┐
        ▼               ▼               ▼
Vendas do fabricante  Distribuidor externo  Unidades de serviço
                        ▼
                    Consumidor
```

Os **canais múltiplos**, por sua vez, são aqueles que utilizam em paralelo mais de um canal de distribuição para atingir o consumidor (Figura 6.3).

» **Figura 6.3**: Canal múltiplo

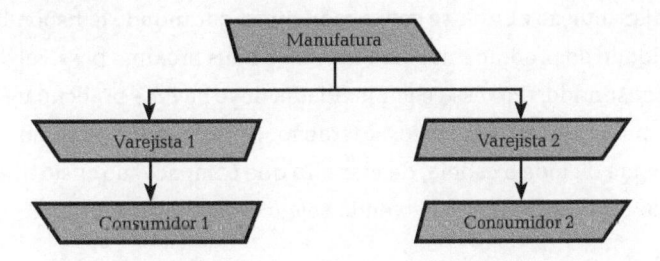

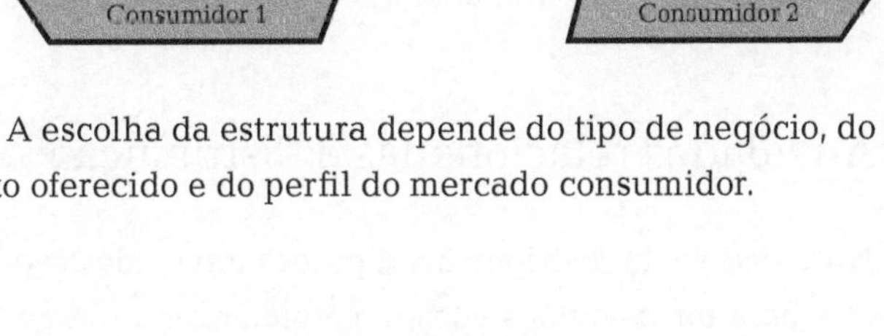

```
              Manufatura
        ┌─────────┴─────────┐
        ▼                   ▼
    Varejista 1         Varejista 2
        ▼                   ▼
    Consumidor 1        Consumidor 2
```

A escolha da estrutura depende do tipo de negócio, do produto oferecido e do perfil do mercado consumidor.

›› Extensão e amplitude da distribuição

A extensão e a amplitude da distribuição física estão relacionadas ao número de **níveis intermediários** da cadeia de suprimentos, ou seja, à quantidade de **atacadistas** e **varejistas** existentes até o produto chegar ao consumidor final. Levando-se esses aspectos em conta, a distribuição pode ser classificada como (Bowersox; Closs, 2001):

a. **Exclusiva ou unitária** – É executada pelo próprio fabricante, sem nenhum intermediário.
b. **Seletiva** – É de natureza múltipla, com vários canais de distribuição, mas controlada, por meio da escolha de distribuidores que apresentem as características necessárias para atender a seus padrões de serviço.
c. **Intensiva** – É de natureza múltipla e aberta, utilizando-se dos diversos canais existentes e garantindo a capilaridade da distribuição.

Com malhas cada vez mais complexas e de caráter global, a distribuição alinha-se com o *marketing*, garantindo a disponibilidade do produto final em um local o mais próximo possível do consumidor. Por essa complexidade, deve haver a preocupação com o controle dos custos de transporte e de armazenagem ao longo de toda a cadeia, de maneira que o impacto no custo final do produto no ponto de venda seja o menor possível.

›› Atividades relacionadas à distribuição

No processo de distribuição, algumas atividades são executadas para torná-lo mais eficiente e promover a redução de custos. Entre elas, temos:

a. **Consolidação** – É a reunião de várias pequenas cargas em uma única grande carga, que possa ser transportada de uma única vez.
b. **Fracionamento** – É o oposto da consolidação, isto é, a divisão de uma grande carga, recebida em cargas menores para armazenamento ou redespacho.
c. *Cross docking* – É o fracionamento de uma carga, com o seu reembarque imediato, eliminando-se a armazenagem, o que possibilita uma significativa redução de custos. Nesse caso, a carga consolidada é recebida, descarregada e, em seguida, carregada em veículos menores, que percorrem o trajeto final.

Essas atividades têm como objetivo facilitar o manuseio, a movimentação e o transporte das cargas.

» Localização dos centros de distribuição

A escolha da localização e da instalação de um centro de distribuição (CD) ocorre em função de diversas variáveis, entre as quais se destacam:

a. **Acesso** – Considera-se a proximidade com rodovias, aeroportos, portos ou ferrovias que garantam a chegada e a saída dos materiais.
b. **Mão de obra** – Deve existir mão de obra qualificada na região, para que não haja necessidade de "importá-la" de locais distantes.
c. **Energia e comunicações** – Deve haver infraestrutura confiável de redes de distribuição elétrica e um bom acesso a sistemas de telefonia e internet.

d. **Impostos** – É preciso analisar o impacto da carga tributária local no custo da operação.

Considerando-se esses aspectos, os locais candidatos à instalação de um centro são definidos, e a escolha se dá por algum método que otimize a operação, do ponto de vista de custos operacionais ou das distâncias percorridas.

A seguir, apresentamos um método para se buscar uma localização centralizada em relação aos pontos de consumo.

»» Método do baricentro das demandas

Esse método baseia-se em médias ponderadas das coordenadas dos pontos de consumo em relação às suas demandas. Esse processo faz com que a localização do centro se aproxime dos pontos de maior demanda, que exigem uma frequência maior de viagens para abastecê-los, reduzindo o custo total de transportes.

As coordenadas dos pontos de consumo são expressas por um par (x_i e y_i), e as coordenadas do CD são calculadas pelas seguintes expressões:

$$x_{CD} = \frac{\sum_{i=1}^{n} d_i \cdot x_i}{\sum_{i=1}^{n} d_i}$$

$$x_{CD} = \frac{\sum_{i=1}^{n} d_i \cdot y_i}{\sum_{i=1}^{n} d_i}$$

Sendo:
- x_{CD}, y_{CD} – ordenadas do CD;
- d_i – demanda no ponto de consumo i;
- x_i, y_i – ordenadas do ponto de consumo i.

Considere o seguinte exemplo: uma rede de lojas tem estabelecimentos em quatro cidades e necessita construir um CD que as abasteça. As coordenadas e as demandas, expressas em toneladas de carga por mês, são apresentadas na Tabela 6.1.

» **Tabela 6.1**: Localização e demandas das lojas

Filial/cidade	x (km)	y (km)	Demanda (t/mês)
A	10	30	100
B	20	20	300
C	30	60	200
D	40	25	400

Assim, o cálculo para determinarmos as coordenadas do CD é:

$$x_{CD} = \frac{10 \cdot 100 + 20 \cdot 300 + 30 \cdot 200 + 40 \cdot 400}{100 + 300 + 200 + 400} = 29 \text{ km}$$

$$y_{CD} = \frac{30 \cdot 100 + 20 \cdot 300 + 60 \cdot 200 + 25 \cdot 400}{100 + 300 + 200 + 400} = 31 \text{ km}$$

Ao representarmos as localizações graficamente, temos o Gráfico 6.1.

» **Gráfico 6.1:** Localização das lojas e do CD

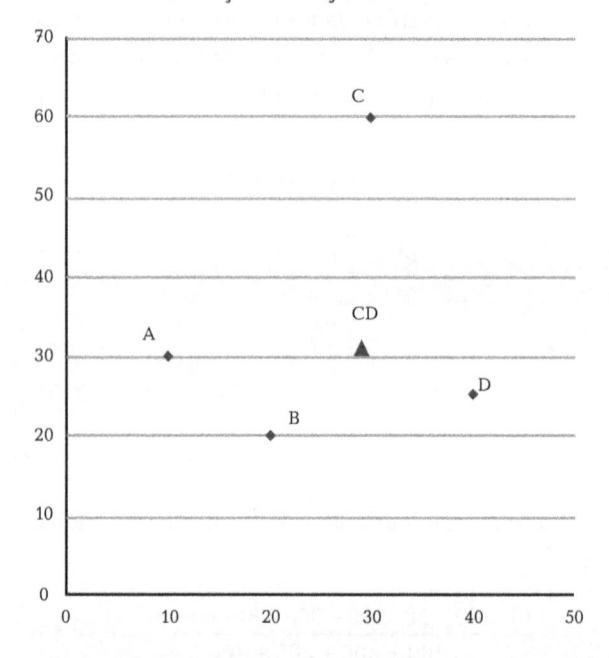

Notamos que a posição do CD foi "atraída" pelas lojas B e D, que apresentam maiores demandas, e foi "afastada" das lojas A e C.

» Logística reversa

Nas duas últimas décadas, a preocupação com o meio ambiente exigiu das empresas a busca por processos sustentáveis. Nesse ambiente, a logística tornou-se a parte operacional dessa gestão com responsabilidade ambiental.

A **logística reversa**, portanto, pode ser definida, conforme Leite (2003), como a área da logística relacionada ao planejamento, à operação e ao controle do fluxo e das informações logísticas referentes ao retorno dos bens ao ciclo de negócios ou ao ciclo produtivo, utilizando-se, para isso, canais de distribuição reversos, de maneira a agregar valores econômico, ecológico, legal, logístico e de imagem.

A logística reversa pode ocorrer em duas situações (Leite, 2003):

a. **Pós-venda** – Ocorre o retorno de produtos vendidos que necessitam de reparos ou que serão trocados, em decorrência de mau funcionamento.

b. **Pós-consumo** – Ocorre o retorno do produto ao término de sua vida útil, para descarte, reaproveitamento ou reciclagem, como no caso de baterias, celulares e embalagens.

Com a crescente preocupação com problemas ambientais, a logística reversa vem ganhando importância nas operações e estratégias das empresas, tanto como meio para estas executarem as ações de retorno que estão sob sua responsabilidade quanto como forma para melhorarem sua imagem perante os consumidores.

>>> Estudo de caso

A indústria de refrigerantes Gostoso Ltda. detinha uma participação no mercado que a colocava em quinto lugar no *ranking* do setor. Apesar disso, apresentava problemas em algumas regiões do país para garantir a presença de seu produto nos pontos de venda. Além disso, ocorreu a fusão de dois grandes concorrentes, transformando-os na maior empresa do setor. A nova empresa resultante dessa fusão já surgiu com uma grande rede de distribuição, o que lhe garantia uma grande abrangência geográfica.

Em vista desse cenário, a indústria Gostoso Ltda. decidiu, após análises, construir dois CDs para atender às regiões em que tinha pouca presença nos pontos de venda, além de ampliar a frota de distribuição, garantindo maior fluxo de entregas e menor tempo de resposta ao cliente.

» Síntese

A **distribuição física** dos produtos é entendida como o conjunto de processos operacionais e de controle que têm o objetivo de transferir os produtos desde o ponto de fabricação até a entrega ao consumidor. Sua estrutura é composta por depósitos ou centros de distribuição (CDs), veículos, estoques e equipamentos de carga e descarga. A distribuição física atende a dois tipos de **usuários**, o **final**, que consome ou utiliza o produto entregue, e o **intermediário**, que recebe e armazena o produto, repassando-o ao usuário final, quando solicitado.

Os **canais de distribuição** podem ser **verticais**, nos quais o produto é repassado sequencialmente de um elo para outro na cadeia de suprimentos, até chegar ao consumidor. Podem, ainda, ser **híbridos**, nos quais parte das funções é executada em paralelo, e **múltiplos**, que utilizam mais de um canal para atingir o consumidor. As atividades da distribuição incluem a **consolidação** de cargas, o **fracionamento** e o processo de *cross docking*.

A **localização dos CDs** depende da estrutura de acesso ao local, da existência de mão de obra qualificada na região, da infraestrutura de energia e comunicações e dos impostos.

Para calcularmos a melhor posição de um CD, podemos usar o **método do baricentro das demandas**, que se baseia em médias ponderadas das coordenadas pelas demandas de cada ponto de consumo.

A **logística reversa** é a área da logística relacionada ao planejamento, à operação e ao controle do fluxo e das informações logísticas referentes ao retorno dos bens ao ciclo de negócios ou ao ciclo produtivo, utilizando-se canais de distribuição reversos para agregar valores econômico, ecológico, legal, logístico e de imagem. Pode ser de **pós-venda** e de **pós-consumo**.

» Questões para revisão

1) Uma fábrica de doces em conserva localizada em Araraquara (SP) contratou um operador logístico para realizar a distribuição de seus produtos em São Paulo capital. O operador possui um centro de distribuição em Cajamar, de onde alimenta os pontos de venda da Grande São Paulo. A carga chega da fábrica em carretas com capacidade de 33 t. Qual seria a vantagem de se utilizar o processo de *cross docking* para essa distribuição?

2) Para um fabricante de lâmpadas fluorescentes, quais são as vantagens de se implementar a logística reversa?

3) A maioria dos produtos de uma empresa é distribuída em algum tipo de embalagem, e são vários os motivos pelos quais se opta por embalá-los. A respeito desses motivos, analise as afirmativas a seguir.
   I. Embala-se para dar proteção ao produto.
   II. Embala-se para facilitar a armazenagem e o manuseio do produto.
   III. Embala-se para promover a venda do produto.

Considerando esses motivos, assinale a opção correta:
a. Apenas os itens I e II estão corretos.
b. Apenas o item III está correto.
c. Apenas os itens II e III estão incorretos.
d. Os itens I, II e III estão corretos.

4) É um dos objetivos da distribuição física:
a. garantir o nível de serviço proposto.
b. garantir a integridade do produto durante o período de armazenagem.
c. retirar matérias-primas nos fornecedores.
d. repassar os custos ao cliente.

5) Um canal múltiplo de distribuição tem como característica:
a. a transferência do produto de um elo a outro, até chegar ao consumidor final.
b. a execução de parte de suas funções por outros elos da cadeia de suprimentos.
c. a utilização de mais de um canal em paralelo para atingir o consumidor.
d. o trabalho com vários tipos de produtos.

6) Marque a alternativa **incorreta**:
a. Consolidação é a reunião de várias pequenas cargas em uma única grande carga.
b. A existência de mão de obra especializada não é um fator relevante para a escolha do local de implementação de um centro de distribuição.
c. A logística reversa está relacionada ao retorno de produtos que já cumpriram sua vida útil.
d. A distribuição física está relacionada à entrega de produtos acabados e componentes.

》 Questões para reflexão

1) Como a logística reversa pode contribuir para a imagem da empresa perante os consumidores?

2) Identifique as limitações para se definir a localização de centros de distribuição de acordo com o modelo apresentado neste capítulo.

》》 Para saber mais

Para aprofundar seus conhecimentos sobre os assuntos tratados neste capítulo, acesse os seguintes *sites*:

CLRB – Conselho de Logística Reversa do Brasil. Disponível em: <http://www.clrb.com.br/site>. Acesso em: 30 out. 2014.

NTC – Associação Nacional do Transporte de Cargas e Logística. Disponível em: <www.ntcelogistica.org.br>. Acesso em: 30 out. 2014.

》》 Perguntas & respostas

Como a distribuição impacta os custos operacionais da empresa?
Uma vez que envolve transportes e armazenagem, duas atividades logísticas muito significativas na composição dos custos logísticos, o impacto da distribuição nos custos operacionais é alto. Assim, reduções de custos na distribuição – originadas de uma boa escolha de canais e do local de implementação de centros de distribuição, bem como da adoção do processo de *cross docking* – refletem na redução global de custos.

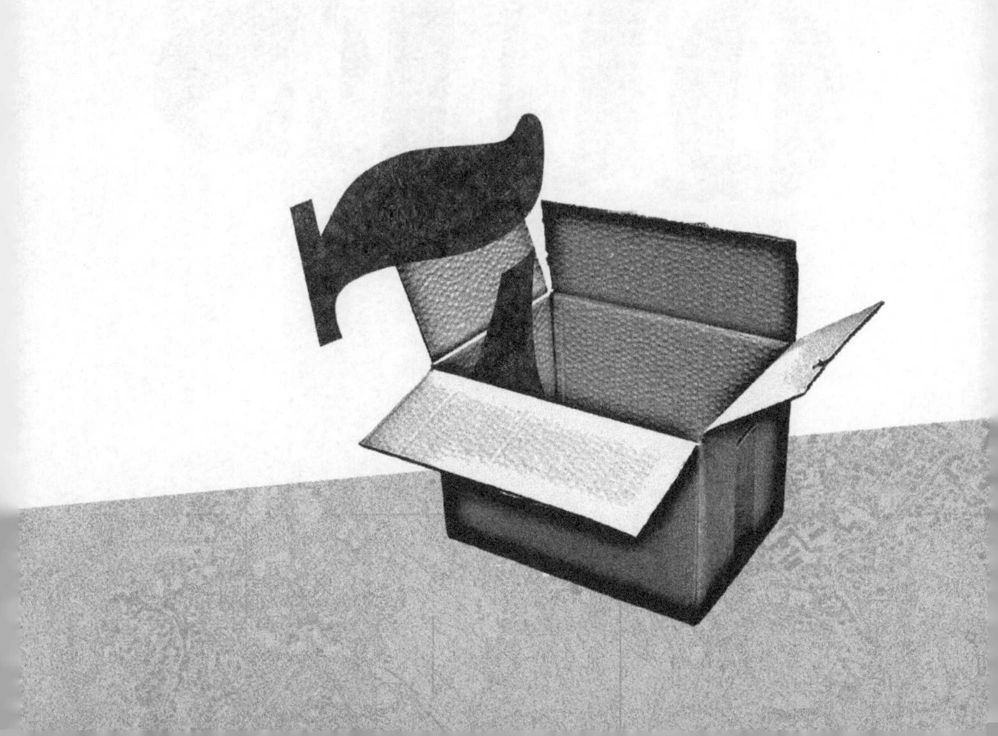

ESTO-QUES

》》 Conteúdos do capítulo

» A necessidade de se manter uma determinada quantidade de materiais disponível para atender à demanda é uma preocupação da logística e da cadeia de suprimentos, por ser um gerador de custos e riscos.

» Neste capítulo, você, leitor, será capaz de identificar situações em que os estoques são necessários, dimensioná-los dentro de parâmetros de confiabilidade e de atendimento de demandas e calcular o seu valor.

» Conceito e objetivos do estoque

Entendemos por **estoque** qualquer acúmulo de materiais de suprimentos que uma empresa ou instituição mantém para alimentar o seu processo produtivo.

Os objetivos do estoque são:

a. **Prevenir incertezas (a chamada *Lei de Murphy*)** – Trata-se de garantir que, em vista de um evento inesperado, como o aumento súbito de demanda ou o atraso do fornecedor, exista material em estoque para dar continuidade à operação.

b. **Lidar com flutuações da oferta e/ou da demanda** – O fluxo de materiais apresenta variações normais em seus volumes e em seus prazos de consumo ou de atendimento, as quais devem ser absorvidas pelo estoque. Adiante, apresentamos modelos de dimensionamento de estoques que consideram essas variações.

c. **Cobrir restrições produtivas, logísticas, econômicas etc.** – Trata-se de compensar a diferença entre a capacidade produtiva e a demanda quando esta for maior; garantir a disponibilidade de material que atenda às necessidades da produção durante o período em que se aguarda a entrega de material solicitado ao fornecedor (*lead time*) etc.

d. **Prever sazonalidades** – Trata-se de antecipar-se a um aumento de demanda em um período conhecido, como Páscoa ou Natal.

Há, assim, diversas situações nas quais estoques são imprescindíveis para garantir os fluxos produtivos e, consequentemente, o atendimento aos clientes.

» Conflitos de estoques

Os estoques geram custos e riscos. Por outro lado, em muitas operações, eles são cruciais para um bom atendimento da empresa ao cliente. Esses paradoxos são mostrados no Quadro 7.1.

» **Quadro 7.1:** Conflitos de estoques

Defesas para se aumentar o nível de estoque	Defesas para se reduzir o nível de estoque
Depto. de compras: consegue melhores descontos sobre as quantidades compradas.	Depto. financeiro: o capital investido em estoques poderia ser aplicado em outras áreas. Poderia receber juros em aplicações financeiras.
Depto. de produção: baixo risco de falta de material. Grandes lotes de fabricação que permitem diluir o custo fixo.	Depto. financeiro: maior risco de perdas por obsolescência ou deterioração. Aumento do custo de armazenagem.
Depto. de vendas: disponibilidade que permite entregas rápidas. Boa imagem, melhores vendas.	Depto. financeiro: capital investido. Maior custo de armazenagem.

Fonte: Slack; Chambers; Johnston, 2009.

Percebemos que há fortes motivos de ambos os lados em relação à existência de estoques. O objetivo da gestão de estoques consiste em encontrar o equilíbrio entre os dois lados, buscando atender às duas visões.

Outro aspecto inerente à existência de níveis altos de estoques refere-se à ocultação de problemas de produção. Na Figura 7.1, temos a analogia entre um processo produtivo e a navegação de um barco. O barco representa o fluxo produtivo;

a água, o nível de estoques; e as pedras submersas, os diversos problemas ocultos pelo elevado nível de estoques. Caso o nível da água baixe, existe o risco de as pedras aflorarem e o barco colidir com uma delas. Da mesma forma, o alto nível de estoque permite a continuidade do fluxo produtivo, apesar dos problemas existentes. Caso o nível de estoque baixe, aumenta significativamente o risco de a produção ser paralisada por um dos problemas ocultos. Assim, qualquer processo de redução de estoques deve ser acompanhado de uma melhora de processos.

» **Figura 7.1:** Problemas ocultos pelo estoque

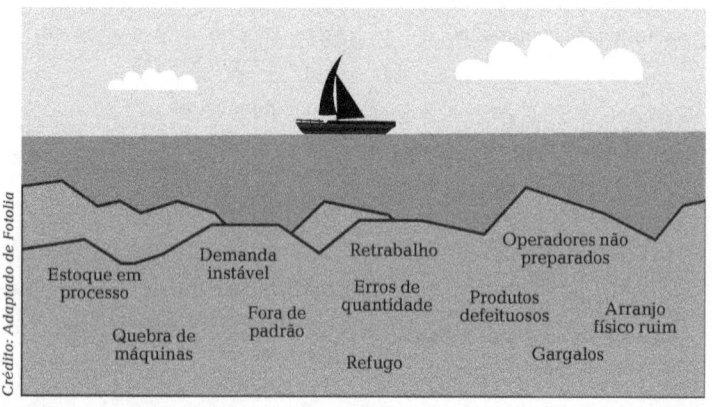

Fonte: Adaptado de Slack; Chambers; Johnston, 2009.

Os estoques estão presentes em todas as etapas produtivas ao longo da cadeia de suprimentos. Na Figura 7.2, apresentamos os principais pontos de formação de estoques ao longo da cadeia de suprimentos.

» **Figura 7.2**: Estoques na cadeia de suprimentos

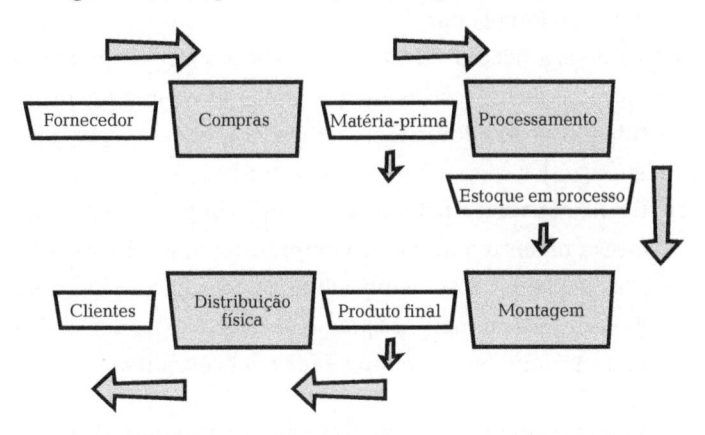

```
Fornecedor → Compras      Matéria-prima → Processamento
                                ↓
                         Estoque em processo
                                ↓
Clientes ← Distribuição ← Produto final ← Montagem
            física
```

Os estoques são necessários ao longo de toda a cadeia produtiva, mesmo quando é curto o tempo de espera entre solicitar o material e recebê-lo do fornecedor.

››› Razões a favor do estoque

Pelo que expusemos anteriormente, os argumentos a favor da existência de estoques são diversos, entre os quais podemos enumerar:

a. **Melhorar o nível de serviço ao cliente** – Com a disponibilidade do material, podemos atender de imediato às necessidades dos clientes.
b. **Manter fluxo de material para a produção** – Trata-se de garantir que a produção não sofra nenhuma interrupção por falta de material.
c. **Obter vantagens na aquisição de material** – Ao se adquirirem quantidades maiores de materiais dos fornecedores, podem ser negociadas melhores condições de fornecimento, como

descontos, prazos de pagamento mais longos e frete por conta do fornecedor.

d. **Absorver a inflação** – Em ambientes econômicos com índices elevados de inflação, o estoque pode representar um investimento, ao se adquirirem produtos a valores mais baixos e atualizá-los com os aumentos de mercado.

e. **Cobrir incertezas e flutuações** – Eventos imprevisíveis, como atraso repentino de fornecedores, greves, desastres naturais, acidentes e aumento súbito de consumo, assim como as variações normais dos prazos de espera e das demandas, têm suas influências minimizadas pelo estoque.

Veremos adiante como dimensionar os estoques para cumprir essas funções.

>>> Razões contra o estoque

Da mesma forma, a seguir detalhamos os motivos contra a manutenção de estoques:

a. **Capital investido** – O montante alocado na formação de estoques poderia ser destinado à aplicação financeira ou ao investimento em áreas produtivas.

b. **Custos de manutenção** – Há aumento nos custos de mão de obra, espaço e uso de equipamentos.

c. **Ocultação de problemas** – Conforme comentamos anteriormente, elevados níveis de estoques garantem o fluxo de materiais ao longo da operação, não permitindo que sejam identificados problemas, como retrabalhos, peças com defeito e refugos.

d. **Riscos de deterioração e obsolescência** – Materiais que permanecem por muito tempo no estoque correm o risco de perder suas características ou de não ter mais utilidade em decorrência do avanço tecnológico.

e. **Isolamento dos canais da cadeia de suprimentos** – Elevados níveis de estoque nos canais, ao longo da cadeia de suprimentos, podem tornar a comunicação entre os elos mais espaçada, comprometendo a visão global da demanda.

Dessa forma, é necessário estabelecer quantidades que evitem a falta dos materiais que alimentam o processo produtivo, sem elevar os custos relativos à sua manutenção.

» Tipos de estoques

Os estoques podem ser classificados, conforme sua natureza ou objetivo, em:

a. **Estoque no canal** – Refere-se ao material em trânsito entre os canais, ou seja, que está sendo transportado. Esse estoque é definido em função das distâncias entre os fornecedores e a operação, bem como da quantidade de elos da cadeia.

b. **Estoque em processo** – É o estoque de material que já passou por algum estágio de transformação e que aguarda a liberação para o próximo estágio de produção.

c. **Estoque de especulação** – É o acúmulo de material com vistas ao ganho financeiro com a valorização ou a escassez do produto.

d. **Estoque regular ou cíclico** – Tem como objetivo suprir a demanda média entre os reabastecimentos. É definido em função dos tamanhos dos lotes de produção, dos embarques econômicos, do espaço disponível, dos tempos de espera, dos descontos e dos custos de armazenagem e de aquisição.

e. **Estoque de segurança** – Tem como objetivo precaver o processo produtivo de incertezas da demanda e de prazos de espera. É definido em função do nível de serviço (confiabilidade), do tempo de espera, da demanda e de suas respectivas variabilidades. Como exemplo, podemos citar o atraso de uma entrega por parte do fornecedor ou a entrada de um pedido inesperado de um consumidor.

Não podemos desconsiderar esses tipos de estoques, sob pena de dimensionar de forma equivocada os níveis de material necessários à operação da empresa.

» Gestão de estoques

Dentre as variáveis que influenciam a gestão de estoques, a **demanda** é a mais complexa. Conforme a natureza da demanda, a empresa deve definir uma política de estoques que seja adequada ao seu comportamento, que pode ser:

a. **Demanda perpétua** – É contínua e flutua dentro de uma faixa estreita. Refere-se a produtos que têm o seu consumo normal ao longo do tempo.
b. **Demanda sazonal** – Apresenta picos em determinadas épocas do ano previamente conhecidas e, portanto, previsíveis.
c. **Demanda irregular** – Não tem comportamento previsível, apresentando picos e vales alternados, sem uma ciclicidade.
d. **Demanda terminal** – São estoques referentes a produtos que chegam ao final do ciclo de vida e que devem ter sua eliminação planejada.
e. **Demanda derivada** – São produtos que dependem da demanda de outros produtos para que sejam produzidos ou comprados.

No Gráfico 7.1, apresentamos exemplos desses comportamentos de demanda ao longo do tempo.

» **Gráfico 7.1:** Comportamento de demandas

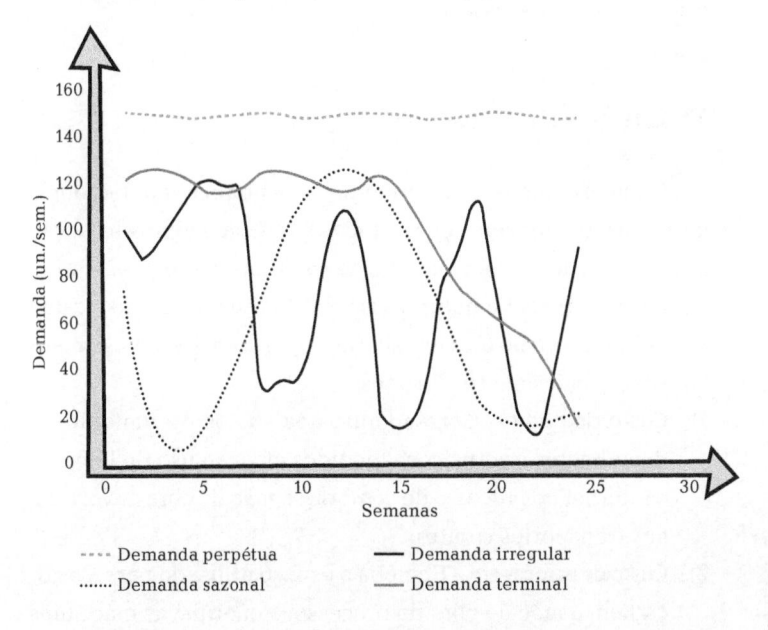

```
                    Demanda (un./sem.)
```

- - - - Demanda perpétua   ——— Demanda irregular
······ Demanda sazonal   ——— Demanda terminal

Além disso, é necessário definir qual é a forma de gerenciamento de estoques mais adequada para a operação. Essa forma depende da "filosofia" de produção da empresa. Há duas "filosofias":

1) **"Puxar" a produção (*make-to-order*)** – A demanda determina a quantidade que deve ser solicitada e o momento em que será produzida, não permitindo a existência de estoque.
2) **"Empurrar" a produção (*make-to-stock*)** – O material é produzido com base em previsões de demanda e para repor estoques, ficando disponível para a utilização ou o consumo futuro, por exemplo, produtos alimentícios industrializados,

que são produzidos e estocados, ficando à disposição do cliente.

Este capítulo trata de sistemas "empurrados", nos quais o estoque se faz necessário.

» Custos de estoques

Como dissemos anteriormente, os estoques são geradores de custos, que devem ser minimizados. Como vimos na seção anterior, existem operações que necessitam de estoques. Assim, é preciso conhecer a natureza dos custos envolvidos na gestão de estoques e como eles impactam a operação. Podemos englobar esses custos em três grupos:

1) **Custo de pedir** – Corresponde aos custos de emissão de documentos (requisições, pedidos etc.); ao uso de telefone e internet no processo de compras; à mão de obra envolvida; aos transportes e outros.

2) **Custo de estocagem** – Engloba o espaço utilizado para a estocagem; a mão de obra do processo; a energia; as máquinas e os equipamentos de movimentação; o custo do capital imobilizado na forma de estoques; os seguros; os custos de prevenção de riscos e outros.

3) **Custo de falta do produto** – Está relacionado à perda de pedidos ou à parada de produção. Pode ser expresso pelo lucro cessante, ou seja, o lucro perdido pela venda não realizada ou cancelada pela falta de material.

Outros fatores podem ser considerados, dependendo da natureza do material ou da operação, como aumentos de custos em decorrência da inflação ou da mudança de câmbio.

» Políticas de estoque

As **políticas de estoque** referem-se ao modo como os estoques são dimensionados e repostos em uma empresa, de acordo com o tipo de produto, sua importância no processo ou dificuldade encontrada na aquisição no mercado fornecedor. Aqui, apresentamos duas políticas: a revisão contínua e a revisão periódica.

»» Revisão contínua

A **revisão contínua** compreende a política na qual o nível de estoques é monitorado continuamente e, ao atingir um determinado patamar, é solicitada a reposição desse estoque. O Gráfico 7.2 apresenta o comportamento de consumo de um material de estoque. Por causa de sua aparência, esse gráfico é chamado de *dente de serra*. Nele estão identificados os principais parâmetros da revisão periódica: o estoque de segurança, o ponto de pedido e o tempo de espera.

» **Gráfico 7.2:** Gráfico dente de serra da revisão contínua

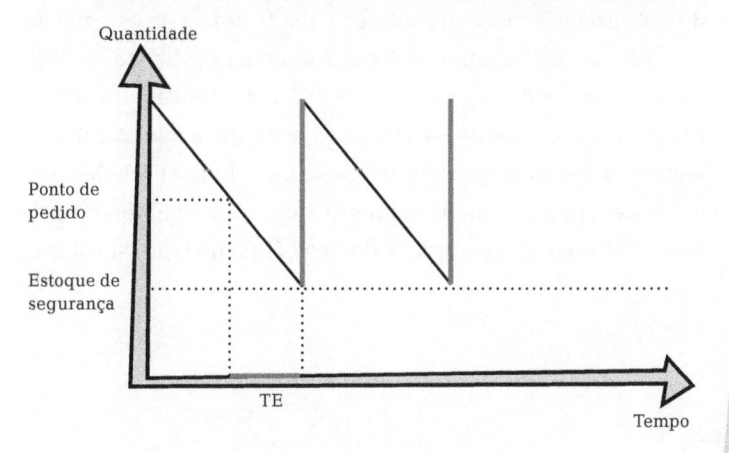

Não havendo atraso de entrega ou aumento de demanda, o estoque de segurança não será consumido.

» **Estoque de segurança**

O **estoque de segurança (ES)** é uma quantidade mínima de material mantida em estoque, que garanta a sua disponibilidade diante de uma variação inesperada, como um aumento de demanda ou um atraso por parte dos fornecedores. A forma de cálculo do estoque de segurança é dada pela fórmula a seguir:

$$ES = z_\alpha \sqrt{TE \cdot \sigma_D^2 + D^2 \cdot \sigma_{TE}^2}$$

Sendo:
- » z_α – coeficiente de segurança;
- » TE – tempo de espera médio;
- » D – demanda média;
- » σ_{TE}^2 – desvio-padrão do tempo de espera;
- » σ_D^2 – desvio-padrão da demanda.

O coeficiente z_α é obtido na **tabela da curva normal** (Anexo), de acordo com o nível de confiança que se deseja do estoque de segurança. Por exemplo, se é desejada uma confiança de 96% para o estoque de segurança – os 4%, a diferença para 100%, representam o risco de o estoque de segurança não atender às necessidades da empresa –, busca-se na Tabela z (Tabela 7.1) o valor mais próximo de 0,96, identificando-se os valores da primeira célula da linha desse valor e a célula no topo da coluna.

» **Tabela 7.1:** Tabela z

z	0,03	0,04	0,05	0,06	0,07	0,08
1,6	0,94845	0,94950	0,95053	0,95154	0,95254	0,95352
1,7	0,95818	0,95907	0,95994	0,96080	0,96164	0,96246
1,8	0,96638	0,96712	0,96784	0,96856	0,96926	0,96995
1,9	0,97320	0,97381	0,97441	0,97500	0,97558	0,97615
2	0,97882	0,97932	0,97982	0,98030	0,98077	0,98124
2,1	0,98341	0,98382	0,98422	0,98461	0,98500	0,98537
2,2	0,98713	0,98745	0,98778	0,98809	0,98840	0,98870

Assim, somando esses valores, temos:

$$z_{0,96} = 1,7 + 0,05 = 1,75$$

Vamos analisar um exemplo: uma metalúrgica utiliza tinta em pó no processo de pintura eletrostática. Sua demanda média diária é de 20 kg, e seu desvio-padrão é igual a 2,6 kg por dia. O fornecedor entrega o material, em média, 3 dias após receber o pedido. O desvio-padrão de tempo de espera é de 1,2 dia. O gestor deseja uma confiabilidade de 98%.

Para 98% de confiabilidade, da Tabela z, temos z = 2,05.

Substituindo os valores na expressão, temos:

$$ES = 2,05 \sqrt{3 \cdot 2,6^2 + 20^2 \cdot 1,2^2} \cong 50 \text{ kg}$$

Portanto, o estoque de segurança é de 50 kg de tinta em pó.

» *Ponto de pedido*

Ponto de pedido (PP) é a quantidade de material no estoque que indica em que momento deve ser realizada a reposição desse estoque. Essa quantidade é suficiente para atender às necessidades até o recebimento da nova remessa (tempo de espera – TE), desde que não haja imprevistos. O ponto de pedido é calculado da seguinte forma:

$$PP = D \cdot TE + ES$$

Para o exemplo do item anterior, o cálculo do ponto de pedido é:

$$PP = 20 \cdot 3 + 50 = 110 \text{ kg}$$

Assim, quando houver 110 kg de tinta em pó no estoque, será o momento de solicitar uma nova remessa para reposição do estoque.

» **Lote econômico de compras**

Lote econômico de compras (LEC) é a quantidade a ser adquirida para que o custo total do processo (custo de aquisição mais custo de estocagem) seja o menor possível, conforme apresentamos no Gráfico 7.3.

» **Gráfico 7.3:** Lote econômico de compras

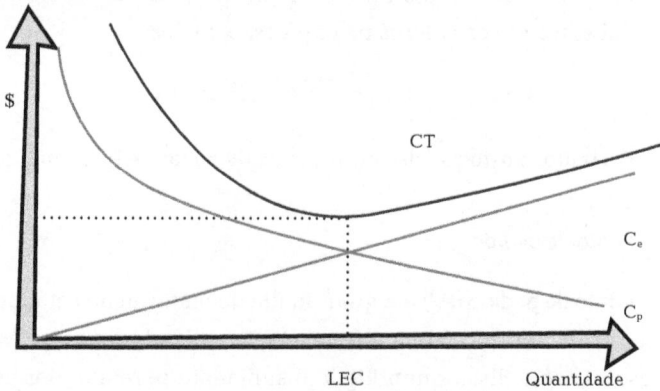

A expressão para o cálculo do lote econômico de compras é:

$$LEC = \sqrt{\frac{2 \cdot D \cdot C_p}{C_e}}$$

Sendo:
» D – demanda anual;
» C_p – custo de pedir, que é o custo do processo de aquisição;
» C_e – custo unitário de estocar, que pode ser calculado como $e \cdot p$, sendo e a taxa de estocagem – que representa a proporção entre o custo de manter o estoque e o valor monetário do estoque médio total – e p o preço unitário do material.

No exemplo anterior, considerando-se 300 dias úteis por ano, o custo de pedir de R$ 100,00 e o custo de estoque por unidade de R$ 7,50, o lote econômico de compras é:

$$LEC = \sqrt{\frac{2 \cdot 20 \cdot 300 \cdot 100}{7,5}} = 400 \text{ kg/pedido}$$

Com isso, a cada compra, será emitido um pedido de 400 kg de tinta em pó. Seja n a quantidade de pedidos emitidos por ano:

$$n = \frac{D}{LEC} = \frac{20 \cdot 300}{400} = 15 \text{ pedidos por ano}$$

O período entre as emissões de pedidos é expresso por t:

$$t = \frac{\text{Dias por ano}}{n} = \frac{300}{15} = 20 \text{ dias úteis entre os pedidos}$$

Assim, temos um pedido de compras sendo emitido a cada 20 dias úteis.

>>> Revisão periódica

Na política de **revisão periódica**, é estabelecida uma frequência de checagem do estoque e, de acordo com o nível verificado e a demanda, é calculada a quantidade a ser solicitada para reposição. É utilizada principalmente para itens de baixo valor agregado ou que apresentam saídas pequenas e frequentes, como, no caso de uma operação industrial, componentes pequenos de baixo valor e de grande consumo, como parafusos.

» **Gráfico 7.4:** Gráfico dente de serra para revisão periódica

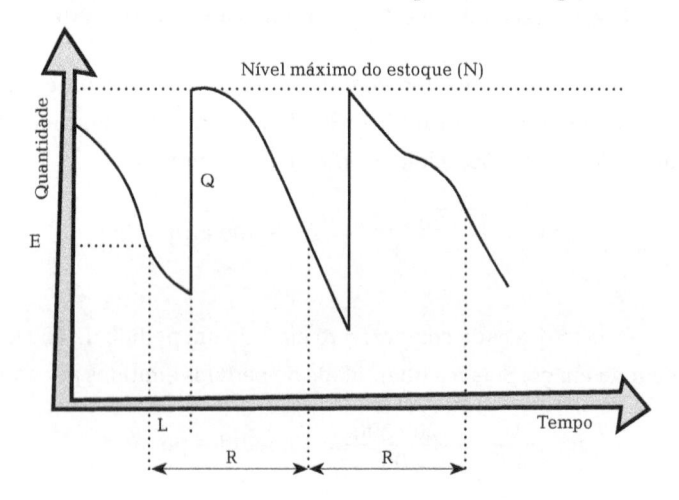

O cálculo do nível máximo de estoque para o item é:

$$N = D \cdot (R + L) + ES$$

Sendo:
» N – nível máximo de estoque;
» D – demanda média do período;
» R – período de revisão;

- » L – tempo de espera (*lead time*);
- » ES – estoque de segurança.

Por outro lado, a quantidade a ser solicitada é calculada da seguinte forma:

$$Q = N - E$$

Sendo:
- » Q – quantidade de reposição a ser solicitada;
- » N – nível máximo de estoque;
- » E – nível do estoque no momento da revisão.

Como exemplo, considere como item de estoque um parafuso M8, cuja demanda média é de 220 unidades por dia. O tempo de espera é de 1 dia e o período de revisão é de 7 dias. O estoque de segurança foi dimensionado para 300 unidades. No momento da revisão, há 600 unidades em estoque. Quanto deve ser solicitado para reposição do estoque?

O primeiro passo é calcular o nível máximo do estoque:

$$N = 220 \cdot (7 + 1) + 300 = 2.060 \text{ unidades}$$

Agora, calculamos a quantidade que deve ser solicitada:

$$Q = 2.060 - 600 = 1.460 \text{ unidades}$$

Assim, devem ser solicitadas 1.460 unidades para repor o estoque.

»» Estoque zero (*just-in-time*)

Na política de **estoque zero**, é solicitada apenas a quantidade necessária para atender a um volume de produção ou a uma demanda conhecida, sendo ela imediatamente consumida, sem que ocorra o processo de estocagem. Essa é a visão do *just-in-time*, que considera o estoque um desperdício, pelo que representa de custos, riscos e espaço ocupado. Por exemplo, em uma montadora automobilística, as autopeças são recebidas para atender à produção de um curto período de tempo, como um dia.

» Giro de estoque

O **giro de estoque** indica quantas vezes o estoque é renovado ao longo do tempo. É expresso como a relação entre o valor das vendas do período (V_v) e o valor do estoque médio (V_{Em}). Sua fórmula é:

$$G = \frac{V_v}{V_{Em}}$$

A **cobertura do estoque** é expressa como o inverso do giro de estoque e indica o período entre as renovações. Sua fórmula é:

$$C = \frac{1}{G}$$

Por exemplo, considere que, em uma loja, o chinelo modelo Paulista apresentou, no mês de setembro, um volume de vendas de R$ 5.000,00. O valor do estoque médio desse item foi de R$ 1.000,00. Vamos calcular o giro e a cobertura desse estoque:

$$G = \frac{5.000}{1.000} = 5 \text{ giros/mês}$$

$$C = \frac{1}{5} = 0,2 \text{ mês} = 6 \text{ dias}$$

O estoque será, assim, renovado 5 vezes ao longo do mês, sendo suficiente para atender a 6 dias de consumo.

» Classificação ABC

A **classificação ABC** é conhecida também como **regra de Pareto**, ou **regra 80-20**, segundo a qual, no caso de estoques, 80% dos custos estão relacionados a 20% dos itens:

» **Itens A** – 20% dos itens representam aproximadamente 80% do valor de estoque.
» **Itens B** – 30% dos itens representam aproximadamente 15% do valor de estoque.
» **Itens C** – 50% dos itens representam aproximadamente 5% do valor de estoque.

Considere os itens apresentados na Tabela 7.2, para classificá-los de acordo com o critério ABC. Para construirmos essa classificação para os itens em estoque, devemos observar o seguinte algoritmo:

I – Multiplicamos o estoque médio (q) de cada item pelo seu preço unitário (p).

» **Tabela 7.2**: Valor total por item

Item	Estoque médio (q)	Preço unitário (p)	Total
AI1J	110	R$ 2,50	R$ 275,00
BS9E	60	R$ 25,00	R$ 1.500,00
CF8T	2.000	R$ 6,50	R$ 13.000,00
DN6G	50	R$ 20,00	R$ 1.000,00
FL5P	250	R$ 5,00	R$ 1.250,00
MK2H	140	R$ 50,00	R$ 7.000,00
OQ3U	75	R$ 3,00	R$ 225,00
TE0G	25	R$ 7,00	R$ 175,00
VY4W	50	R$ 4,00	R$ 200,00
ZR7X	50	R$ 7,50	R$ 375,00

II – Reordenamos os itens em ordem decrescente do total (q · p), como apresenta a Tabela 7.3.

» **Tabela 7.3:** Itens em ordem decrescente de valor total

Item	Estoque médio (q)	Preço unitário (p)	Total
CF8T	2.000	R$ 6,50	R$ 13.000,00
MK2H	140	R$ 50,00	R$ 7.000,00
BS9E	60	R$ 25,00	R$ 1.500,00
FL5P	250	R$ 5,00	R$ 1.250,00
DN6G	50	R$ 20,00	R$ 1.000,00
ZR7X	50	R$ 7,50	R$ 375,00
AI1J	110	R$ 2,50	R$ 275,00
OQ3U	75	R$ 3,00	R$ 225,00
VY4W	50	R$ 4,00	R$ 200,00
TE0G	25	R$ 7,00	R$ 175,00

III – Somamos os valores totais das variáveis, item a item, e calculamos a percentagem de cada item acumulado sobre o valor total e o valor percentual acumulado de itens (Tabela 7.4).

» **Tabela 7.4:** Cálculo dos valores acumulados

Item	Total	Valor acumulado	% acumulado de itens	% valor acumulado	Classificação
CF8T	R$ 13.000,00	R$ 13.000,00	10%	52,0%	A
MK2H	R$ 7.000,00	R$ 20.000,00	20%	80,0%	

(continua)

(Tabela 7.4 – conclusão)

Item	Total	Valor acumulado	% acumulado de itens	% valor acumulado	Classificação
BS9E	R$ 1.500,00	R$ 21.500,00	30%	86,0%	
FL5P	R$ 1.250,00	R$ 22.750,00	40%	91,0%	B
DN6G	R$ 1.000,00	R$ 23.750,00	50%	95,0%	
ZR7X	R$ 375,00	R$ 24.125,00	60%	96,5%	
AI1J	R$ 275,00	R$ 24.400,00	70%	97,6%	
OQ3U	R$ 225,00	R$ 24.625,00	80%	98,5%	C
VY4W	R$ 200,00	R$ 24.825,00	90%	99,3%	
TE0G	R$ 175,00	R$ 25.000,00	100%	100,0%	

Agora, é possível separarmos as faixas de classificação. Os dois primeiros itens representam 80% do valor total do estoque, enquanto os próximos três itens (30% do total de itens) representam mais 15% do valor de estoque (totalizando 95% do valor total). Por fim, os últimos cinco itens (50% dos itens) representam os 5% restantes do valor total.

Para a representação gráfica, consideramos o percentual de itens na abscissa e o percentual de valor na ordenada, obtendo o Gráfico 7.5. Dividimos o espaço abaixo da curva dos valores percentuais acumulados em três áreas: *A*, *B* e *C*, conforme critérios que vimos anteriormente.

» **Gráfico 7.5:** Curva ABC

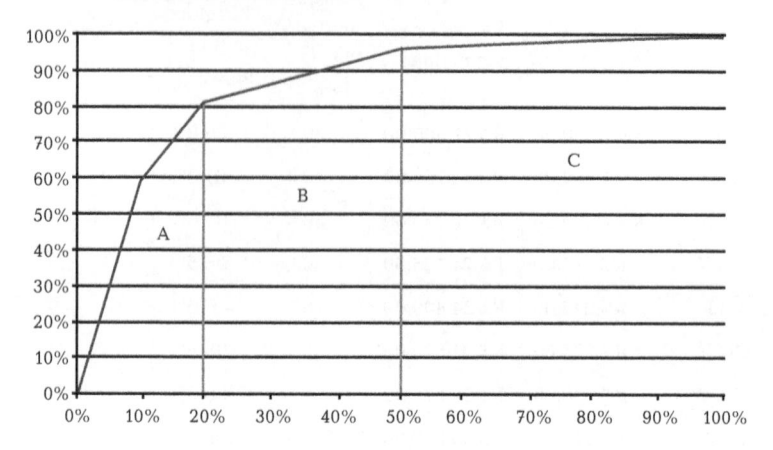

Por meio da classificação ABC, podemos identificar que itens enfocar para implementar políticas de estoques que visem à redução de custos.

» Custeio de estoques

O objetivo dos **registros do estoque** consiste em controlar a quantidade de materiais, tanto seu volume físico quanto o financeiro. A avaliação dos estoques inclui o valor das mercadorias e dos produtos em fabricação ou os produtos acabados.

Para calcularmos o **valor do estoque**, há três métodos: o custo médio, o Peps (primeiro que entra, primeiro que sai) e o Ueps (último que entra, primeiro que sai).

»» Custo médio

O custo das retiradas será o preço médio do suprimento total do item em estoque. Esse preço médio é obtido por meio da média ponderada dos preços de entrada, tendo como pesos as quantidades compradas, ou, mais diretamente, por meio do valor total do estoque dividido pela quantidade estocada do item.

Devemos realizar os lançamentos da seguinte forma:

» Procedemos à entrada da nota fiscal (quantidade, preço unitário e total da nota fiscal).
» Somamos essa entrada (quantidade e total da nota fiscal) ao saldo existente no estoque.
» Dividimos o valor total obtido pela quantidade estocada, obtendo-se, assim, o custo médio.
» Utilizamos esse custo médio para valorar a próxima saída.
» Repetimos o processo a cada movimentação (entrada e saída) do estoque.

Como exemplo, considere a Tabela 7.5.

» **Tabela 7.5**: Custo médio

Dia	Entradas					Saídas			Saldos		
	NF n.	Qtd.	Preço unit.	Total		Qtd.	Preço unit.	Total	Qtd.	Total	Custo médio
07/ago	100	500	R$ 15,00	R$ 7.500,00					500	R$ 7.500,00	R$ 15,00
08/ago	200	200	R$ 15,70	R$ 3.140,00					700	R$ 10.640,00	R$ 15,20
10/ago						150	R$ 15,20	R$ 2.280,00	550	R$ 8.360,00	R$ 15,20

Nesse exemplo, ocorreram duas entradas que são contabilizadas, totalizando 700 unidades ao valor total de R$ 10.640,00.

A relação entre esses valores é o custo médio, igual a R$ 15,20, que é utilizado para valorar a saída das 150 peças.

A vantagem desse método consiste em lançar um custo que absorve parte da flutuação de preço dos materiais para compor a planilha de custos.

›› Avaliação pelo método Peps (primeiro que entra, primeiro que sai)

No método Peps (primeiro que entra, primeiro que sai), ou, na sigla em inglês, Fifo (*first in, first out*), a saída é dada pelos valores lançados em ordem cronológica, devendo ser dada a saída pelo custo real do lançamento até que a quantidade do lançamento seja atingida. A desvantagem desse método é o atraso na atualização dos valores que são repassados à produção.

Para exemplificar, considere a Tabela 7.6, com a mesma movimentação anterior.

» **Tabela 7.6:** Método Peps

Dia	Entradas				Saídas			Saldos	
	NF n.	Qtd.	Preço unit.	Total	Qtd.	Preço unit.	Total	Qtd.	Total
07/ago	100	500	R$ 15,00	R$ 7.500,00				500	R$ 7.500,00
08/ago	200	200	R$ 15,70	R$ 3.140,00				700	R$ 10.640,00
10/ago					100	R$ 15,00	R$ 2.250,00	550	R$ 8.390,00

Notamos que a saída para as 150 unidades retiradas no dia 10 de agosto foi efetuada com o valor de R$ 15,00, referente à primeira entrada, do dia 7 de agosto, Nota Fiscal n. 100. As próximas saídas continuarão a ser realizadas com esse valor até totalizarem 500 unidades, quantidade dessa primeira entrada. A partir daí, as saídas serão realizadas pelo valor de R$ 15,70 até totalizarem 200 unidades.

Percebemos, também, que o valor final do estoque é maior nesse caso do que no método do custo médio, em virtude de as baixas serem efetuadas com os valores mais antigos.

>>> Avaliação pelo método Ueps (último que entra, primeiro que sai)

No método Ueps (último que entra, primeiro que sai), ou, na sigla em inglês, Lifo (*last in, first out*), consideramos a entrada mais recente para valorar a saída de material do estoque. Quando essa entrada for totalmente baixada, utilizaremos a entrada anterior, e assim sucessivamente. Caso ocorra uma nova entrada antes de esta ser totalmente utilizada, passaremos a utilizar a mais recente.

Continuando com o mesmo exemplo de movimentação, apresentamos o valor do estoque na Tabela 7.7.

» **Tabela 7.7**: Método Ueps

Dia	Entradas				Saídas			Saldos	
	NF n.	Qtd.	Preço unit.	Total	Qtd.	Preço unit.	Total	Qtd.	Total
07/ago	100	500	R$ 15,00	R$ 7.500,00				500	R$ 7.500,00
08/ago	200	200	R$ 15,70	R$ 3.140,00				700	R$ 10.640,00
10/ago					150	R$ 15,70	R$ 2.355,00	550	R$ 8.285,00

Com esse método, o valor do estoque é menor, transferindo-se para a produção o valor mais recente.

» Inventário

As informações sobre as quantidades de materiais em estoque devem apresentar um alto nível de confiabilidade, para se evitar que a produção seja surpreendida com falta de itens ou que o custo seja maior do que o esperado pela existência de excesso de materiais.

Assim, um dos principais objetivos da gestão de estoques é garantir a precisão dos registros de movimentação do estoque: as entradas e as saídas. Para isso, é necessário escolher e operar um sistema eficaz de administração de materiais, que garanta as informações sobre os volumes existentes, trabalhe com base nos parâmetros da política de estoque adotada e seja amigável, possibilitando a manutenção de um nível satisfatório de atendimento aos clientes e uma análise constante do comportamento do estoque.

As principais causas de erro em registros de estoque são:
- » retirada de material sem autorização;
- » depósito sem segurança, com grandes riscos de extravios ou furtos;
- » pessoal de almoxarifado maltreinado;
- » registros ruins de transações;
- » sistemas ruins;
- » falta de capacitação para auditorias.

Para corrigir os efeitos dessas falhas, deve ser realizado o **inventário do estoque**, uma contagem periódica dos itens para apuração da precisão dos registros de estoques (nível físico *versus* nível apresentado no sistema) e apuração do valor total do estoque para efeito de balanço. Existem dois tipos fundamentais de execução de inventários:

1) **Geral** – Esse inventário é realizado ao final do exercício fiscal. Todos os itens são contados em uma única oportunidade. A duração desse inventário é longa, consumindo vários dias, dependendo do tamanho do estoque. Em virtude desse grande volume de contagem, os ajustes e a identificação de causas de discrepâncias e conciliações tornam-se mais difíceis.

2) **Rotativo** – Esse tipo de inventário distribui a contagem dos itens ao longo do ano. Há uma menor quantidade de itens a serem conferidos por contagem, o que propicia melhores condições de análise das causas de discrepâncias e de realização de ajustes. Pode-se dividir os itens para determinação do intervalo entre as contagens, por exemplo:

    » **Grupo 1** – itens mais significativos, com três contagens por ano.
    » **Grupo 2** – itens de importância intermediária, inventariados duas vezes por ano.
    » **Grupo 3** – demais itens, contados uma vez por ano.

Para a **preparação** e o **planejamento** do inventário, devem ser observados os itens a seguir:

a. **Folha de convocação e serviços** – para indicar as pessoas que participarão do processo e que atividades desenvolverão.
b. **Meios de registro de qualidade e quantidade** – para definir os formulários que serão utilizados nas coletas de dados, por exemplo, a ficha de inventário (Figura 7.3).
c. **Análise da arrumação física** – para identificar a posição de cada item dentro do almoxarifado.

d. **Método da tomada de inventário e treinamento** – para definir a forma de trabalho e capacitar os participantes. São realizadas duas contagens; caso haja divergências entre as duas, é realizada uma terceira dos itens que as apresentaram, sendo esta última considerada como a definitiva.
e. **Atualização e análise dos registros** – para verificar as divergências entre a contagem e os registros, com a correção das discrepâncias.
f. **Cut-off** – encerra-se o processo e emitem-se os relatórios, que apresentam os valores finais das quantidades de cada item em estoque.

» **Figura 7.3:** Ficha de inventário

Código:		Unid.
Descrição:		
Local:		

Código: Descrição: Local: Quant.: _____ _____ Visto Conferido	3ª contagem
Código: Descrição: Local: Quant.: _____ _____ Visto Conferido	2ª contagem
Código: Descrição: Local: Quant.: _____ _____ Visto Conferido	1ª contagem

Com isso, encerramos nosso estudo sobre os estoques, seus conceitos, classificações e funções. A seguir, apresentamos um estudo de caso, para aplicar essas ideias à prática.

››› Estudo de caso

O gestor de uma concessionária de automóveis, ao assumir o cargo, decidiu analisar os estoques de autopeças da oficina. Não havia políticas de estoque implementadas, sendo as solicitações de reposição realizadas de acordo com a percepção de demanda dos funcionários. Por se tratar de itens de alto valor agregado, o gestor optou por um modelo de revisão contínua. Assim, solicitou que fossem levantados os seguintes dados para cada item:
- os fluxos de estoque dos últimos seis meses (recebimentos e consumos);
- os tempos decorridos entre a solicitação de reposição por parte do responsável pelo estoque e o recebimento do material;
- os preços unitários;
- os custos de estocagem (mão de obra, espaço utilizado, energia, utilização de equipamentos etc.)

Com esses dados em mãos e com a definição de um nível de confiabilidade, o gerente pôde, então, dimensionar o estoque de segurança, o ponto de pedido e o lote econômico de compras, racionalizando a gestão de estoques.

›› Síntese

Estoque é o acúmulo de materiais com o intuito de garantir o fluxo produtivo, prevenindo incertezas, flutuações de oferta ou de demanda, cobrir restrições logísticas, produtivas ou econômicas e sazonalidades.

O estoque gera **conflitos**: de um lado, a existência de estoques reduz os riscos de produção, melhora o nível de atendimento aos clientes e a imagem da empresa quanto ao atendimento rápido; de outro, é um gerador de custos, riscos de obsolescência, de deterioração ou avarias e representa um alto capital investido.

Os estoques elevados escondem problemas da produção, como retrabalho, índice de refugos e excesso de movimentação.

Os estoques podem ser de diversos **tipos**: estoque no canal, estoque em processo, estoque de especulação, estoque regular ou cíclico e estoque de segurança.

Há duas "filosofias" em **gestão de estoques**: "puxar" a produção, na qual se busca atender a uma demanda, gerando pouco ou nenhum estoque, e "empurrar" a produção, cujo objetivo é repor o estoque, trabalhando-se com previsões e não com pedidos já colocados.

Os **custos de estoques** abrangem o custo de pedir, o custo de estocagem e o custo de falta de produto.

As **políticas de estoque** são duas: a de **revisão contínua**, que monitora o consumo ao longo do tempo para identificar o momento em que deve ser realizada a solicitação de reposição, tendo como parâmetros o estoque de segurança e o ponto de pedido, e a de **revisão periódica**, na qual é estabelecida uma frequência com que o nível de estoque é checado para que seja calculada a quantidade a ser solicitada para reposição.

Estoque de segurança é a quantidade de material que deve ser mantida para prevenir qualquer flutuação inesperada de demanda ou de prazo de espera.

Ponto de pedido é a quantidade que indica o momento em que se deve realizar a solicitação de reposição de estoques.

Lote econômico de compras é a quantidade a ser adquirida para repor estoques, de maneira que o seu custo total de operação (custo de estocagem mais custo de pedir) seja o menor possível.

O **giro de estoques** indica quantas vezes o estoque é renovado ao longo do tempo. Quanto maior for o giro, melhor, pois isso indica que o material permaneceu pouco tempo em estoque.

A **classificação ABC**, ou **regra de Pareto**, divide os materiais do estoque em três categorias: itens A, que representam 20% dos itens estocados e 80% do valor total do estoque; itens B, que representam 30% dos itens e 15% do valor total do estoque; e itens C, que representam 50% dos itens e 5% do valor total do estoque.

O **custeio do estoque** pode ser feito de três maneiras diferentes: custo médio, que confere valor médio aos materiais, tanto para a produção quanto para o estoque; Peps (primeiro que entra, primeiro que sai), que transfere menos valor para a produção e confere maior valor ao estoque; e Ueps (último que entra, primeiro que sai), que repassa ao material o valor mais atual, conferindo ao estoque um valor menor.

O **inventário** é a contagem das quantidades de cada item existente no estoque, para se comparar com os registros do sistema e proceder a possíveis correções. Pode ser geral ou rotativo.

» Questões para revisão

1) Um determinado item apresenta uma demanda média de 60 peças/dia, com desvio-padrão de 10 peças/dia. O tempo de espera é de 4 dias, com desvio-padrão de 1 dia. Qual é

o estoque de segurança para esse item, considerando-se uma confiabilidade de 97,5%?

2) A tabela abaixo apresenta os estoques médios de matérias-primas para a Indústria KJH. Quais são os itens A?

Item	Estoque médio	Preço unitário
K	300	10
L	1.300	25
M	1.750	3
N	1.230	15
O	2.220	4
P	980	255
Q	1.170	200
R	135	16
S	990	18
T	1.380	14

3) Em que momento deve ser solicitada a reposição de estoque para uma demanda de 300 unidades por dia e tempo de espera de 7 dias, com estoque de segurança de 1.500 unidades?

4) (Adaptada de IFRN – 2012) Indique a opção correta em relação ao estoque de segurança:
   a. É a quantidade de material necessário a ser embarcado, a fim de garantir a segurança no transporte, em caso de dilatação do tempo de desembarque.
   b. É a quantidade de material destinada a evitar a ruptura do estoque, ocasionada por dilatação do tempo de ressuprimento ou aumento da demanda.

c. É o estoque adquirido com garantia do fornecedor, assegurada a confiabilidade na relação B2B (comércio eletrônico entre empresas – *business to business*).

d. Mercadoria que apresenta alto risco de manuseio, sendo objeto de seguro apropriado.

5) O lote econômico de compras (LEC) é definido em função, entre outras variáveis:
   a. da variabilidade da demanda.
   b. da variabilidade do tempo de espera.
   c. do custo de estocagem do item.
   d. do tempo de espera.
   e. da quantidade de pedidos emitidos ao longo do ano.

6) (Cesgranrio – 2013 – Petrobras) O tempo de reposição do estoque ("lead time") é o período de tempo:
   a. entre o pedido de um produto e sua entrada em estoque.
   b. entre a entrada de um produto no estoque e seu consumo.
   c. que o estoque de segurança leva para ser consumido.
   d. que a quantidade do pedido leva para ser consumida.
   e. que o produto solicitado leva para ser fabricado.

» Questões para reflexão

1) Analise a aplicabilidade do modelo de lote econômico de compras para um item que apresenta sazonalidade.

2) Para um item que apresenta um comportamento de demanda praticamente sem flutuações ao longo do tempo, como ficaria a expressão do cálculo de estoque de segurança?

》》 Para saber mais

Para aprofundar seus conhecimentos sobre os assuntos tratados neste capítulo, leia o seguinte texto:

SANTOS, E. B. et al. Análise da utilização de ferramentas de gestão de estoque em uma empresa produtora de bebidas, como auxílio à gestão da logística de materiais em um cenário de demanda variável. In: ENCONTRO NACIONAL DE ENGENHARIA DE PRODUÇÃO, 32., 2012, Bento Gonçalves. *Anais...* Bento Gonçalves: Enegep, 2012. Disponível em: <http://www.abepro.org.br/biblioteca/enegep2012_tn_stp_157_914_20007.pdf>. Acesso em: 30 out. 2014.

》》 Perguntas & respostas

Se, de acordo com a filosofia *just-in-time*, estoque é um desperdício por gerar custos e riscos, por que as empresas ainda trabalham com estoques?

As empresas ainda trabalham com estoques em situações em que o tempo de espera (*lead time*) é significativo – sendo necessário, portanto, manter uma quantidade de material que garanta o fluxo produtivo até que se receba o ressuprimento do fornecedor – e em situações em que se produz antes de se conhecer a demanda – sendo preciso absorver sua variabilidade e garantir que o produto esteja disponível quando o cliente necessitar.

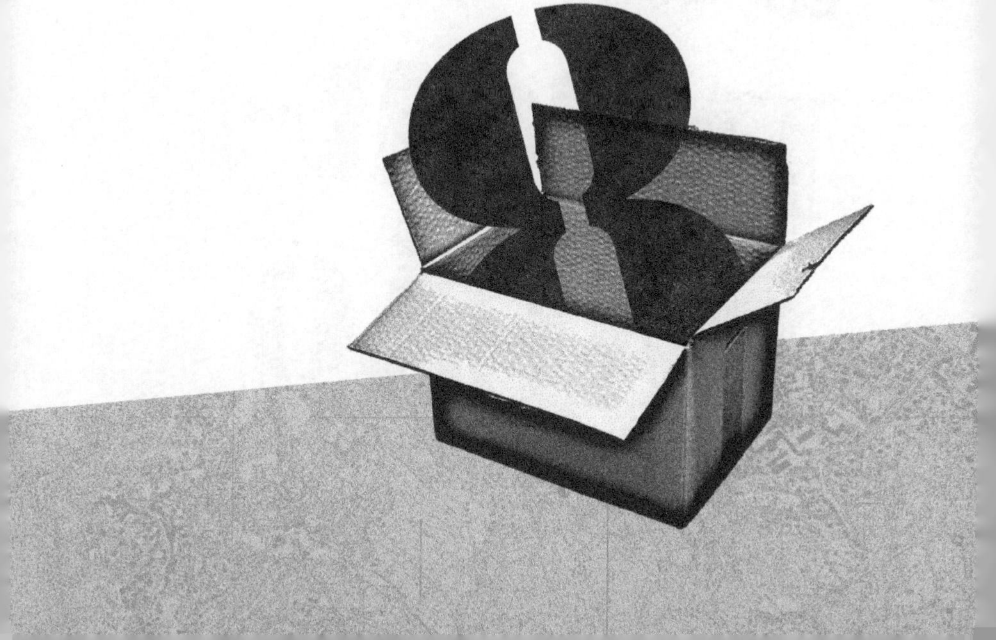

SISTEMAS INTEGRADOS DE INFORMAÇÃO

>>> **Conteúdos do capítulo**

» Para a gestão dos processos logísticos, é necessário projetar sistemas competitivos e eficazes, que façam a diferença na percepção dos clientes, com base no entendimento dos requisitos de um sistema do ambiente de negócios global, bem como criar uma arquitetura de informação que apoie os objetivos da organização.

» Ao final deste capítulo, você, leitor, será capaz de identificar os principais sistemas integrados de informação aplicados à logística e suas características de operação.

» Introdução

A escolha das ferramentas a serem implementadas depende dos benefícios que o sistema de informação traz para o negócio, como a redução de prazos de processamento e de custos operacionais. Esse tipo de sistema deve fornecer informações atualizadas sobre a distribuição de produtos acabados e o recebimento de suprimentos, bem como indicar a situação interna das operações logísticas. Sistemas de informação são, atualmente, fatores críticos de sucesso da cadeia de suprimentos.

Os sistemas devem ser projetados de maneira que as pessoas possam controlá-los, entendê-los e utilizá-los sem riscos de falhas ou de informações incorretas.

As quatro grandes mudanças de âmbito mundial que provocaram alterações no ambiente empresarial nos últimos anos foram as seguintes (Ballou, 2006):

1) a emergência da **economia global**, que liga os diversos mercados e exige da logística rápidas soluções que garantam a competitividade da empresa, além da necessidade de coordenar grupos de trabalho ao redor do mundo;

2) a transformação das economias industriais em **economias de serviços**, baseadas no conhecimento e na informação, transferindo operações de manufatura para países que apresentem custos menores e alta produtividade;

3) a transformação da empresa de estruturas mais rígidas e conservadoras em **organizações mais flexíveis e achatadas** (com menor número de níveis hierárquicos), capazes de acompanhar as mudanças tecnológicas e sociais – o ciclo de vida do produto torna-se menor, o que exige uma eficiente gestão logística na distribuição e nos estoques;

4) a emergência das **empresas digitais** como o grande meio de atingir o mercado consumidor, realizar a gestão de relacionamentos ao longo da cadeia de suprimentos, desde os fornecedores até os consumidores, perceber rapidamente as mudanças que ocorrem no mercado e responder de forma adequada – é o surgimento do *e-business*.

Essas fortes mudanças vêm alterando a forma como a logística executa suas atividades, fazendo dela a área responsável pela ligação física entre o mercado e as operações da empresa e pelo atendimento às novas demandas.

» Sistemas de informação

Com esse ambiente global que exige sistemas de informação para a gestão dos processos logísticos, definimos **sistema de informação** como o conjunto de componentes que se inter-relacionam para coletar (ou recuperar), processar, armazenar e distribuir informações destinadas a apoiar a tomada de decisões e o controle em uma organização, de forma rápida e eficiente. Sistemas de informação voltados à gestão são **sistemas formais**, uma vez que automatizam procedimentos estabelecidos e aceitos pela organização (Simchi-Levi; Kaminsky; Simchi-Levi, 2010).

A estrutura básica de um sistema de informação é apresentada na Figura 8.1.

» **Figura 8.1:** Sistema de informação

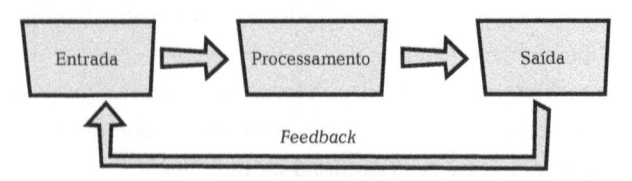

```
Entrada  =>  Processamento  =>  Saída
         <———————— Feedback ————————
```

Esse fluxo mostra a **entrada de dados**, que serão **processados**, gerando uma **saída**, que altera a entrada por meio de um *feedback*, ou **retroalimentação**. Por exemplo, ao receber um pedido do cliente, este é processado, separando-se os itens que o atendam. Essa saída gera um *feedback*, ao alterar os níveis de estoque dos itens entregues.

Os sistemas de informação também devem promover a relação da empresa com o ambiente em que ela atua (Figura 8.2).

» **Figura 8.2:** Relacionamento da empresa com o ambiente

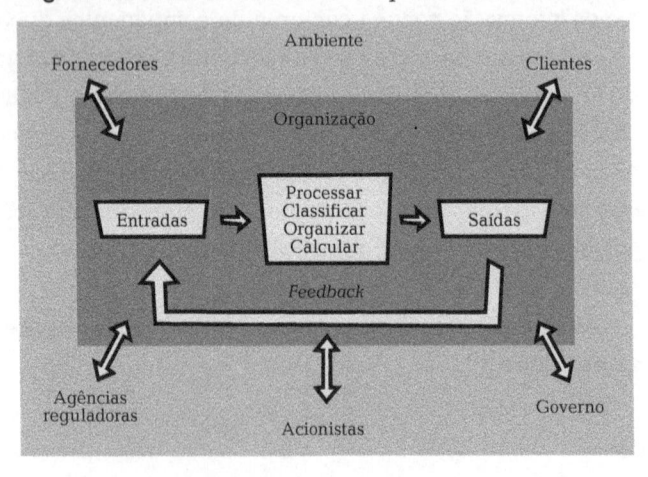

```
                        Ambiente
   Fornecedores                              Clientes
         ↕       Organização                    ↕
                    ┌─────────┐
                    │Processar│
         Entradas => │Classificar│ => Saídas
                    │Organizar │
                    │ Calcular │
                    └─────────┘
                    <—— Feedback ——
         ↕              ↕              ↕
   Agências                                  Governo
   reguladoras       Acionistas
```

O sistema de informação básico permanece interno à organização, processando as suas diversas atividades. Esse sistema faz a ligação com:

a. **Fornecedores** – Transmite os pedidos de compras de matérias-primas e insumos aos fornecedores e realiza o acompanhamento das entregas.
b. **Clientes** – O sistema recebe os pedidos e mostra os *status* de atendimento.
c. **Acionistas** – Permite a emissão de relatórios em tempo real sobre os resultados da empresa, auxiliando no processo de tomada de decisões.
d. **Agências reguladoras** – Refere-se à internalização de normas e procedimentos sobre a manufatura, manuseio e transportes de produtos; Anvisa e Inmetro são exemplos dessas agências.
e. **Governo** – Refere-se ao recolhimento de taxas e impostos, à obtenção de certidões, à participação de licitações, entre outras atividades. O Brasil é um dos países com maior grau de informatização dos serviços governamentais.

Outros parceiros podem ser incluídos nessa configuração, dependendo de seu interesse, influência ou necessidade em relação às operações da empresa.

» Sistemas integrados de informação e cadeia de suprimentos

Com a ampliação das fronteiras da gestão ocasionada pela cadeia de suprimentos, surgiu a necessidade de integrar fornecedores, fabricantes, distribuidores e clientes, para garantir a disponibilidade de produtos nos menores prazos de resposta e custos possíveis. Dessa forma, os sistemas integrados de informação auxiliam a distribuir os produtos acabados aos clientes e a gerenciar a logística reversa.

Entendemos por **sistemas integrados de informação** o conjunto de ferramentas de gerenciamento que utilizam recursos de informação para integrar as funções da empresa e conectá-las com as funções dos demais elos da cadeia de suprimentos, auxiliar no processo de tomada de decisões e simular cenários.

As informações precisas garantem melhor gestão do estoque, programação de produção e fluxo de caixa. Problemas de informação podem levar a distorções na percepção da demanda no ponto de venda, fazendo com que a programação de produção e os níveis de estoque oscilem no sentido contrário ao da demanda. Por exemplo, se a demanda de um produto no supermercado está aumentando e essa informação não é repassada ao distribuidor e/ou ao fabricante, com a solicitação de reposição do estoque no ponto de venda, pode ocorrer a visão de que há uma redução da demanda. Esse fenômeno é conhecido como *efeito chicote*.

Dessa maneira, os sistemas de informação auxiliam a cadeia de suprimentos a decidir o que e em que quantidades produzir, armazenar e movimentar. Também facilitam a transmissão de pedidos rapidamente e acompanham o seu processo de atendimento. Com essas ferramentas, podemos visualizar a disponibilidade de estoques e monitorar seus níveis ao longo de toda a cadeia, permitindo planejar a produção com base na demanda real.

Os sistemas de informação destinados ao **planejamento** da cadeia de suprimentos permitem a uma empresa realizar previsões de demanda para um produto e desenvolver planos de aquisição de matérias-primas e de fabricação para aquele produto. Por outro lado, os sistemas de informação voltados à **execução** das atividades da cadeia de suprimentos gerenciam o fluxo de produtos por meio de centrais de distribuição e depósitos ou centros de distribuição.

Na sequência, apresentamos os sistemas integrados de informação voltados à área logística.

⟫⟫ *Material requirement planning* (MRP)

Um dos primeiros sistemas surgiu nos anos 1960, com a denominação de *material requirement planning* (MRP), ou seja, planejamento das necessidades de material. Nessa primeira versão, o *software* calculava a necessidade de matérias-primas e componentes para um determinado nível de produção, descontando os itens existentes nos estoques.

A evolução desse sistema chegou ao MRP II. Apesar da sigla semelhante, o significado é diferente: *manufacturing resources planning*, ou seja, "planejamento dos recursos de manufatura". Além das funções do MRP original, esse sistema agrega os recursos de produção e as previsões de venda. O MRP II passou a ser chamado simplesmente de *MRP*, substituindo o sistema anterior.

⟫⟫ *Enterprise resource planning* (ERP)

O *enterprise resource planning* (ERP), ou seja, planejamento dos recursos do empreendimento, é um sistema integrado que, com base em uma única base de dados, interliga todas as áreas da empresa, permitindo um fluxo de informação contínuo, rápido, confiável e em tempo real.

A necessidade de implementação do ERP surgiu de uma série de fatores. Entre eles, temos a falta de integridade de informações quando não se dispõe de um sistema integrado de informações, o que causa atrasos na obtenção de resultados e dificulta a elaboração de relatórios gerenciais consolidados. A implementação de um ERP força a empresa a padronizar os seus procedimentos.

Sem um ERP, há retrabalho generalizado, em virtude da falta de informações em tempo real e há dificuldade em fazer com que a empresa cresça. O ERP permite, por meio de suas atualizações, incorporar modelos modernos de processos de negócios (melhores práticas).

Os benefícios do ERP são:

» entrada de dados em uma única vez, que alimenta todos os módulos simultaneamente;
» ganho na eficiência, pela eliminação de operações realizadas manualmente, com maior rapidez e maior confiabilidade;
» redução de retrabalho e de redundância de dados;
» prevenção de erros, permitindo o rastreamento das atividades;
» redução do tempo necessário para consolidar os dados;
» agilidade para a tomada de decisões;
» visão global da empresa em tempo real;
» integração de vários departamentos e empresas pertencentes a um mesmo grupo financeiro (*holding*);
» troca de informação em ambientes distribuídos (empresas, filiais e garagens);
» adoção de padrões de negócios e dados;
» resolução de problemas comuns em uma empresa, como gestão de estoque, gestão de pessoas, serviços a clientes e gestão financeira.

Na Figura 8.3, mostramos um exemplo de ERP aplicado a uma organização da área de logística, representando um fluxo de dados referentes à entrega de carga.

» **Figura 8.3**: Exemplo de entrada de dados em um ERP

Cliente envia um EDI (Electronics Data Interchange*) para a transportadora com as notas fiscais dos produtos que deverão ser transportados

- Estruturação fiscal ← Escritura a operação — **Cargas** — Comissão do motorista → Folha de pagamento
- Contabiliza a operação ↓   Informações para faturamento ↓
- **Contabilidade** ← Contabiliza a fatura — **Contas a receber**
- Contabiliza a movimentação bancária   Provisiona o recebimento da fatura
- **Bancos**

*Nota: Em português, "troca eletrônica de dados".

O ERP tornou-se o sistema fundamental para a gestão de empresas, existindo, hoje, adaptações para praticamente qualquer tipo de negócio.

››› *Warehouse management system* (WMS)

O *warehouse management system* (WMS), ou seja, sistema de gestão de armazéns, é o sistema dedicado à gestão dos processos de armazenagem. Esse sistema possibilita um controle eficaz dos produtos, identificando suas localizações dentro de um armazém e volumes ocupados no mesmo local.

O WMS permite automatizar os processos de armazenamento, movimentação e retirada dos produtos, utilizando as tecnologias de códigos de barra e de *radio frequency identificaton* (RFID), que vimos anteriormente. Por meio do WMS, configuram-se as regras de armazenamento, como "primeiro que entra, primeiro que sai" (Peps/Fifo), e as regras de segregação de produtos.

Quando o material chega ao armazém, são realizados os processos de recebimento, com conferência das condições constantes do pedido e dos dados da nota fiscal. O endereçamento é realizado com a identificação de um local vago no armazém e o registro da rua, da coluna e do nível em que o material é armazenado. A estrutura de endereçamento é mostrada na Figura 8.4.

» **Figura 8.4:** Estrutura de endereçamento do WMS

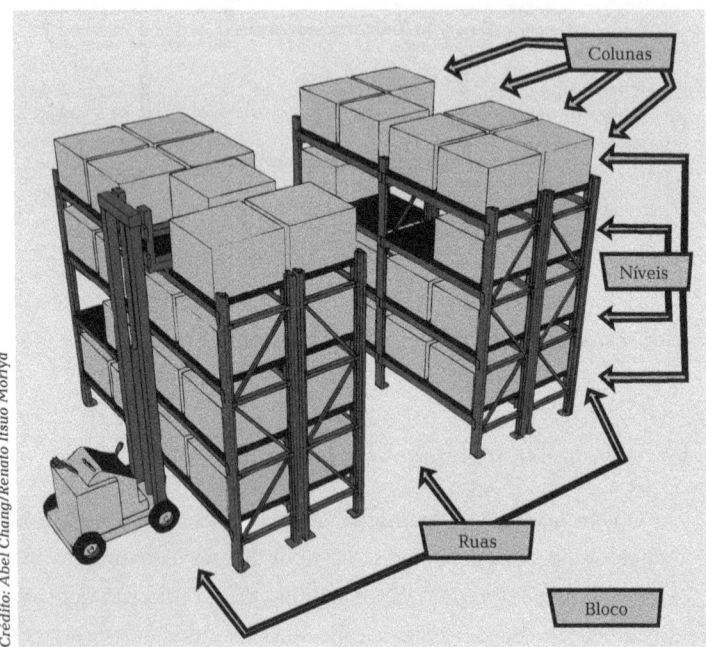

As demais vantagens do WMS são: facilitar os processos de estocagem com um alto grau de confiabilidade; automatizar a solicitação de ressuprimento; agilizar os processos de *picking* e de *packing*, ou seja, a coleta e a embalagem dos materiais; diminuir a discrepância entre o estoque físico e o do sistema ao fazer o inventário.

>>> *Transport management system* (TMS)

Como já apresentamos neste livro, o transporte é a área mais significativa das operações logísticas, representando em torno de 70% dos custos totais. Assim como as demais atividades, o transporte também necessita de um sistema integrado para gerenciá-lo. Esse sistema é o *transport management system* (TMS), ou seja, sistema de gestão de transporte, que pode realizar interface com o ERP para a administração dos transportes, o que permite visualizar e controlar toda a operação logística.

A área de transportes utiliza um grande número de ativos, como veículos, garagens e áreas de manutenção, que geralmente se encontram dispersos geograficamente, o que torna a gestão mais complexa.

Entre as funções abrangidas pelo TMS, estão o cadastro de veículos; o gerenciamento de documentos; o planejamento de manutenções da frota; o controle dos caminhões; o gerenciamento do consumo de combustível; os indicadores de níveis de serviços; e o planejamento de rotas e de utilização de modais.

>>> *Electronic data interchange* (EDI)

O sistema que garante a troca direta de dados entre computadores é chamado de *electronic data interchange* (EDI), ou seja, troca eletrônica de dados. Esse sistema permite o envio de pedidos de compra de forma automática e o acompanhamento do seu *status*.

A principal vantagem trazida pelo EDI é a maior competitividade ao se tornar a cadeia mais ágil em sua resposta ao consumidor. A qualidade de relacionamento entre os elos da cadeia melhora, em virtude do compartilhamento de informações que permitam planejar melhor o conjunto dos fluxos e níveis de produção.

A aplicação do EDI traz, ainda, no campo operacional, uma redução de erros de processamento, com consequente redução de custos administrativos e de estoques, além da diminuição do uso de papel, ao tornar virtuais os processos documentais.

»» Estudo de caso

Em um centro de distribuição, ocorriam constantes desabastecimentos e dificuldades em localizar os itens na área de armazenagem. Nele, há aproximadamente 10 mil itens cadastrados, que apresentam comportamentos diferentes de consumo e diversas formas de unitização.

Como solução, decidiu-se pela implementação conjunta dos sistemas WMS e EDI. O WMS, fazendo a interface com o ERP já existente, possibilitou um controle mais apurado das movimentações, por meio dos registros de entradas e saídas de materiais do centro de distribuição, alimentando os módulos de gestão financeira, de compras e comercial. Com o EDI, a transmissão de solicitações de reposições é realizada automaticamente, com base na parametrização do WMS. O endereçamento dos materiais recebidos facilitou a localização das cargas, melhorou a ocupação espacial do armazém e garantiu que os itens mais antigos fossem os primeiros a serem movimentados e expedidos (Peps/Fifo).

» Síntese

Os sistemas integrados de informação aplicados à logística visam melhorar a gestão das atividades logísticas. Neste capítulo, apresentamos os seguintes sistemas: **MRP** (planejamento de produção), **ERP** (gestão empresarial), **WMS** (gestão de armazéns), **TMS** (gestão de transportes) e **EDI** (troca eletrônica de dados).

» Questões para revisão

1) (IFRN – 2012) Levando em consideração os aspectos estratégicos empresariais, marque a opção que apresenta as vantagens da implementação dos sistemas do tipo *Eletronic Data Interchange* (EDI) para processos logísticos:
   a. Melhoria da competitividade, visualizando vantagens ligadas à agilidade na troca de dados e ganhos relacionados à produtividade.
   b. Busca da construção de um ambiente de inclusão digital para seus empregados e terceirizados, visando a melhorias no ambiente organizacional.
   c. Redução do tempo de transporte com ganhos estratégicos em função de melhorias no volume de entrega e distribuição de mercadorias.
   d. Maior redução de custos com papel e ampliação da reciclagem como diferencial competitivo-estratégico-mercadológico de tendência ambiental

2) (Adaptado de Procempa – 2012) Sobre o *Warehouse Management System* – WMS, assinale V para as assertivas verdadeiras ou F, para as falsas.

( ) É um sistema que contempla as várias áreas de uma empresa, desde o chão de fábrica até a alta direção, permitindo um maior controle de todo o processo produtivo disponibilizando elementos que podem facilitar a tomada de decisão.

( ) Pode ser definido como todas as atividades de negócios e processos que usam computador e sistemas de informação.

( ) Promove a otimização do processo de armazenagem por meio do gerenciamento eficiente de informações e recursos, permitindo à instituição tirar o máximo proveito desta atividade.

( ) É um sistema de gestão que melhora a operacionalidade da armazenagem.

( ) Utiliza as informações para executar as funções básicas do processo de armazenagem.

Assinale a alternativa que apresenta a sequência correta:
a. F – F – V – V – V.
b. F – F – V – F – V.
c. V – V – F – V – F.
d. F – V – F – F – V.
e. F – V – F – V – F.

3) Como é a estrutura de endereçamento do WMS?

4) O *material requirement planning* (MRP) foi um dos primeiros sistemas integrados utilizados nas empresas. Atualmente, essa ferramenta:
   a. calcula apenas a quantidade de matéria-prima necessária para atender a uma determinada demanda.
   b. integra as áreas de estoque, compras, vendas e produção.

c. não considera as previsões de demanda, apenas os pedidos em carteira.

d. não considera a data de entrega do pedido, apenas as disponibilidades dos recursos produtivos.

5) Quais são as funções contidas em um *transport management system* (TMS)?

» Questões para reflexão

1) Analise as vantagens do uso conjunto dos sistemas ERP, WMS e TMS para a gestão logística.

2) Discuta o impacto da evolução das tecnologias de informação (*hardware* e *software*) para a melhoria dos processos logísticos.

››› Para saber mais

Para aprofundar seus conhecimentos sobre os assuntos tratados neste capítulo, leia a seguinte obra:

BANZATO, E. *Tecnologia da informação aplicada à logística*. São Paulo: Imam, 2005.

››› Perguntas & respostas

Os *softwares* de gestão logística podem ser utilizados em conjunto?

Sim, os diversos *softwares* de gestão logística podem ser combinados entre si e, principalmente, com o ERP, o *software* de gestão empresarial, compartilhando o banco de dados e alimentando os diversos módulos, de modo a promover uma visão mais ampla e a melhora das operações logísticas.

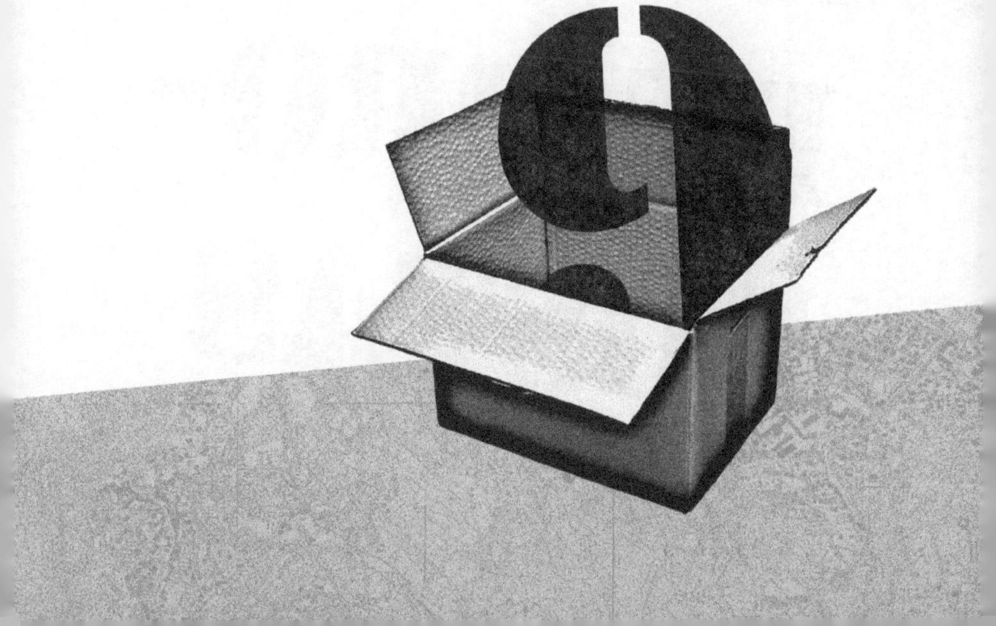

GESTÃO DE COMPRAS E ANÁLISE DE PROPOSTAS

>>> Conteúdos do capítulo
» Neste capítulo, apresentamos as atividades de compras e a análise de propostas recebidas de fornecedores. Ao final, você, leitor, será capaz de comparar propostas e identificar a mais vantajosa.
» Apresentamos também os processos de compras empresariais por meio eletrônico e o processo de licitação.

Importância da área de compras

Compras é a área responsável por adquirir, no mercado fornecedor, materiais e serviços que a empresa não tem condições ou interesse de produzir ou executar internamente. A relação entre o valor total de compras e o valor total de vendas de uma empresa, em um dado período, pode variar de 30% a 80%, dependendo do tipo de operação.

O objetivo da área de compras consiste em atender às necessidades da empresa quanto a materiais e/ou serviços, adquirindo-os na quantidade certa, na qualidade desejada e ao menor custo e disponibilizando-os no momento requerido e no local indicado.

A função de compras é primordial para garantir a continuidade dos processos produtivos da empresa, contribuindo também para que se busque a redução do custo total.

Qualidade em compras

Ao tratarmos do processo de compras, há duas dimensões de **qualidade** que devemos considerar:

1) **Qualidade de especificação** – Refere-se à clareza de informações sobre o material ou serviço desejado, de forma que não haja dúvidas, por nenhuma das partes envolvidas, sobre o que deve ser fornecido.
2) **Qualidade de conformidade** – O material ou o serviço fornecido devem estar de acordo com as especificações.

Ainda com a preocupação voltada à qualidade, é importante que a empresa tenha confiança nos produtos e procedimentos de seus fornecedores. Pode-se utilizar certificações amplamente aceitas, como ISO 9000, ISO 14000 e QS 9000, ou ainda criar uma certificação própria que privilegie as variáveis importantes para a empresa.

››› Quantidade

A **quantidade** de material adquirido deve ser suficiente para atender às necessidades da empresa sem, contudo, gerar excessos de estoques. Para o cálculo das quantidades de material, consideramos:

- a quantidade de material existente no estoque;
- a existência de pedidos em aberto, ou seja, material já comprado, mas ainda não entregue;
- a programação da produção;
- a política de estoque adotada: lote econômico de compras, revisão periódica, revisão contínua, MRP, *just-in-time* ("empurrar" × "puxar") etc.

››› Momento

O **momento** em que o material deve ser entregue e, consequentemente, o momento em que deve estar disponível para consumo têm de ser respeitados, para evitar problemas e custos adicionais aos processos da empresa. Se houver atraso na entrega, corre-se o risco de paralisar as operações da empresa. Por outro lado, se houver antecipação da entrega, aumenta-se o estoque e, em consequência, todos os custos e os riscos associados a ele.

Quanto menor o tempo de espera (*lead time*) negociado com o fornecedor, menores serão os estoques necessários e maior será a confiabilidade na entrega.

》》 Custos

O comprador deve ter um profundo conhecimento sobre o mercado, para analisar se os **custos** propostos por um fornecedor são muito elevados em relação à prática normal de mercado ou muito baixos, o que pode indicar problemas de qualidade e de conformidade.

O preço do material ou do serviço é um componente do custo; portanto, não é suficiente para servir de parâmetro para a decisão. Os componentes do custo são:

a. **Preço** – É o valor que o fornecedor cobra pelo material.
b. **Condição de pagamento** – É o prazo pelo qual o fornecedor financia o valor na venda ao comprador. Quanto mais estendido for, menor será o custo.
c. **Prazo de entrega** – É o tempo de espera, que tem impacto nos níveis de estoque.
d. **Frete** – É o valor do transporte do material entre o fornecedor e a operação do comprador. Deve ser bem avaliado qual é a melhor opção: caso o fornecedor tenha menor custo de frete, deve-se utilizar a sua estrutura de transporte.
e. **Embalagem** – Se a embalagem for retornável, não há impacto no custo, a menos que o comprador não a devolva, o que acarreta uma cobrança por parte do fornecedor. No caso de compras de máquinas ou equipamentos especiais, com frequência, a embalagem também é especial, uma vez que é confeccionada de acordo com as dimensões do item. Nesse caso, pode haver a cobrança adicional de embalagem.
f. **Durabilidade** – A vida útil do item adquirido também é importante, uma vez que equipamentos com vida útil maior apresentam mais tempo para sua depreciação e, por isso, são substituídos em intervalos maiores.

g. **Rendimento** – O volume de produto final que se obtém ou a quantidade de serviço por unidade de item adquirido também impactam o custo, em virtude do retorno ou da produtividade proporcionados.
h. Qualquer outra variável que seja importante para uma operação, mas que não esteja abrangida pelas anteriores.

Essas análises devem ser realizadas pelo departamento de compras, em conjunto com os departamentos técnicos e/ou com os usuários, pois, muitas vezes, envolvem conhecimentos específicos.

» Gestão de compras

A missão da **gestão de compras** consiste em perceber as necessidades competitivas dos produtos e dos serviços, tornando-se responsável pela entrega no tempo certo, pelos custos, pela qualidade e por outros elementos na estratégia de operações.

Saber **o que**, **quanto**, **quando** e **como** comprar é o diferencial competitivo que as organizações buscam para obter ganhos que possibilitem melhor posicionamento em relação aos seus concorrentes.

Os principais problemas com os quais os executivos de compras se deparam são a insuficiência e a desatualização das informações sobre compras – o que dificulta a escolha correta de um fornecedor – e o controle insuficiente das compras – quando não há um histórico dos processos de compras e uma visão do *status* dos pedidos realizados aos fornecedores.

O fluxo do processo de compras segue esta lógica:

a. **Emissão de requisição** – pelo usuário, quando se tratar de uma compra de um item não cadastrado no sistema, ou pelo próprio sistema, quando se tratar de itens cadastrados e de consumo constante, com a especificação, a quantidade, o local de entrega e a data desejada.
b. **Realização de uma cotação** – ou seja, uma solicitação de proposta aos fornecedores cadastrados para oferecerem o item em questão.
c. **Análise das cotações** – para verificar se as propostas estão de acordo com a especificação informada e para identificar aquela que apresenta o menor custo.
d. **Negociação** – com o fornecedor que apresentou a melhor proposta, para ajustar as condições o mais próximo possível das necessidades da empresa compradora.
e. **Emissão do pedido de compra** – com todos os dados necessários para o fornecimento do item, o qual tem força de contrato entre as partes.

Esse é o fluxo básico de um processo de compras, mesmo quando o processo é automatizado, como veremos adiante.

⟫ Atividades típicas de compras

Além da natural atividade de adquirir produtos ou serviços conforme o fluxo que apresentamos no tópico anterior, a área de compras também é responsável pelas seguintes atividades:

a. **Pesquisa e estudo de mercado** – É importante buscar informações sobre mudanças no mercado fornecedor que comprometam ou ajudem na obtenção dos itens necessários.
b. **Estudo de materiais** – É preciso promover uma busca de materiais alternativos que substituam os atualmente utilizados

com alguma vantagem. Essas alternativas devem ser apresentadas ao departamento técnico para análise de viabilidade.

c. **Análise de custos** – É preciso avaliar os custos de itens que a empresa tem interesse em adquirir.
d. **Novas fontes de fornecimento** – Deve-se buscar novos fornecedores para formar parcerias ou para ampliar o quadro existente.
e. **Inspeção nas instalações dos fornecedores** – É interessante conhecer a estrutura dos fornecedores, para identificar o potencial de se aprofundar a parceria ou de se ampliar o leque de itens ou serviços que eles estão aptos a oferecer.
f. **Desenvolvimento de fornecedores** – Também é interessante auxiliar os fornecedores a desenvolver soluções ou processos que melhorem ou ampliem sua capacidade de fornecimento.
g. **Conferência de requisições** – Ao receber uma requisição de compras, o comprador deve verificar se todas as informações estão corretas e consistentes para o processo de aquisição.
h. **Decisão entre contratos ou o mercado** – É necessário analisar a possibilidade de firmar contratos de fornecimento ou de continuar a realizar concorrências cada vez que surgir a necessidade de comprar certo item.
i. **Entrevista de vendedores** – É preciso buscar informações com os fornecedores sobre novidades ou perspectivas, como escassez ou aumento de preços.
j. **Negociação de contratos** – Deve-se definir com os fornecedores as condições para fornecimentos de longo prazo ou com foco em um projeto determinado.
k. **Acompanhamento do recebimento de materiais** – É necessário monitorar se os materiais recebidos estão de acordo com

os pedidos, de forma a encerrar o processo de compra, ou contatar o fornecedor para solucionar discrepâncias.

l. **Estimativa de custos** – Quando ocorrer um novo projeto, a área de compras deve realizar os primeiros levantamentos de custos relativos aos materiais ou serviços necessários.

m. **Relações comerciais recíprocas** – É preciso tratar do bom relacionamento, conforme critérios éticos e comerciais, entre a empresa e seus fornecedores.

Outras atividades podem ser acrescentadas, dependendo da complexidade do processo de compras ou do objeto comprado, como análises de viabilidade e impactos nos resultados da empresa.

» Relacionamento com outros departamentos

A área de compras, como descrevemos no Capítulo 1, consiste em uma atividade de apoio, de acordo com a cadeia de valor de Porter. Isso significa que ela é uma área que dá suporte às demais. As principais áreas com as quais o compras se relaciona são:

a. **Produção** – A área de compras deve garantir a aquisição nas quantidades e nos momentos corretos, para que não haja riscos de interrupção de produção.

b. **Engenharia** – A área de compras buscar novas alternativas de materiais e serviços que auxiliem a engenharia a melhorar seus projetos e processos.

c. **Planejamento e controle de produção (PCP)** – Em função das datas e das quantidades programadas de produção, é

preciso planejar as ações de compras, para que haja alinhamento entre as duas áreas.
d. **Financeiro** – Deve-se alinhar as datas negociadas para o pagamento, de maneira a buscar um melhor fluxo de caixa.
e. **Contabilidade** – Deve-se verificar se estão corretos os impostos cobrados e a classificação fiscal do material descritos na nota fiscal.

Aqui, listamos os departamentos mais diretamente envolvidos, mas outros podem ser incluídos, conforme a natureza do negócio da empresa ou da forma como é organizada. Por exemplo, em uma empresa de engenharia, a área de compras relaciona-se também com os gestores de projetos, além dos que mencionamos anteriormente.

» Propostas de fornecimento

A **análise das propostas** visa verificar se a proposta ou cotação apresentada pelo fornecedor atende às especificações informadas na requisição e, dentre as propostas recebidas, qual apresenta as melhores condições de fornecimento.

Como mencionamos na seção "Custos", além do **preço**, outras variáveis compõem o custo do produto adquirido. Entre elas, temos o **frete**, parte significativa do custo do material, que deve ser um item de análise detalhada. Vamos considerar duas modalidades de frete, chamando-as de *vendedor* e *comprador*, para diferenciá-las dos Incoterms*, como na prática muitas vezes

- Incoterms são termos de comércio internacional, que definem as responsabilidades entre comprador (importador) e vendedor (exportador) pelo pagamento e acompanhamento de transportes, armazenagem, taxas e seguros.

acontece ao se utilizarem os termos CIF** e FOB*** para designar a responsabilidade pelo transporte.

a. **Vendedor** – Nessa modalidade, o vendedor é responsável por levar a mercadoria até o seu destino, arcando com todos os custos de transporte e providenciando a documentação.

b. **Comprador** – Nesse caso, o comprador providencia o transporte, responsabilizando-se pelo frete e pelos seguros.

Os **custos de embalagem**, dependendo da situação, também têm impacto e devem ser considerados na análise de proposta:

a. **Embalagens retornáveis** – Têm vida útil longa e, se não forem devolvidas ou se sofrerem avarias, serão debitadas ao cliente.

b. **Embalagens não retornáveis** – Normalmente, estão incluídas no preço do produto. Também podem ser cobradas separadamente, no caso de serem embalagens especialmente desenvolvidas para aquela remessa.

As **condições de pagamento**, ou seja, o prazo que o fornecedor concede ao comprador para quitar o compromisso originado da entrega do produto ou serviço solicitado, devem ser negociadas tendo em vista o custo financeiro e o fluxo de caixa da empresa. Quanto maior for o prazo obtido para o pagamento após a entrega sem custo adicional, menor será o custo do item comprado. Vincular os pagamentos a determinados eventos também é uma boa prática, ou seja, uma parcela do pagamento somente será efetuada após o cumprimento de uma etapa da fabricação ou da execução do serviço. As formas mais comuns de pagamento são:

a. **Sinal** – É a parcela de pagamento efetuada no ato do pedido.

** CIF (*Cost, Insurance and Freight*) é um termo em que custo, seguro e frete são pagos pelo exportador.

*** FOB (*Free On Board*) é um termo em que a responsabilidade do exportador cessa ao colocar a carga a bordo do navio.

b. **Parcela intermediária** – É o pagamento realizado antes do recebimento, normalmente vinculado a algum evento acordado entre as partes.
c. **Contraentrega** – É a parcela de pagamento efetuada no ato do recebimento.
d. **Saldo faturado** – É a parcela paga em um período após a entrega do material. Por exemplo: 30 DD – 30 dias após a data de entrega.

Os **impostos** também são um fator importante nessa análise, principalmente considerando-se a complexidade da política tributária brasileira. Os impostos dependem, muitas vezes, da utilização do produto adquirido e da região onde ele é comprado ou para a qual se destina. Assim, em caso de dúvidas, é necessário confirmar a incidência de impostos (IPI, ICMS, ISS etc.) sobre o material ou serviço a ser adquirido, por meio de consulta aos departamentos de contabilidade ou jurídico da empresa, que devem ter informações atualizadas sobre a legislação tributária.

>>> Decisão de comprar ou fazer (terceirizar)

O processo de decisão entre adquirir o bem ou serviço de um fornecedor externo ou produzi-lo internamente depende de uma análise que engloba os seguintes quesitos:

a. **Valor estratégico** – É necessário manter a fabricação interna, para não divulgar a tecnologia ou o conhecimento estratégico (*core competence*) que comprometa a vantagem competitiva da empresa?
b. **Qualidade do produto** – O fornecedor tem capacidade de fabricar ou executar o serviço dentro dos parâmetros de qualidade exigidos pelo comprador?

c. **Confiabilidade de prazos** – O fornecedor será capaz de cumprir o cronograma estabelecido, não comprometendo a programação da produção ou o prazo do projeto?
d. **Recursos produtivos** – A empresa compradora apresenta ociosidade dos recursos (mão de obra, instalações, equipamentos, conhecimento, tempo) necessários para fabricar o material ou executar o serviço internamente?
e. **Volume de produção** – Fabricar internamente a quantidade necessária é economicamente viável (custo de preparação de máquinas, comprometimento da lucratividade de outros produtos etc.)?
f. **Custos** – O fornecedor é capaz de fabricar com um custo menor do que o da produção interna?

Assim, podemos resumir a escolha de fornecedores da seguinte forma: **fornecedores internos** são escolhidos (estrutura própria) quando se dominam as competências básicas para a realização da atividade, quando o desempenho interno for significativamente melhor do que o do fornecedor externo; em outras palavras, o fornecedor interno apresenta maior foco nos quesitos que mais interessam à empresa. Por outro lado, os **fornecedores externos** são adequados para atividades não básicas e para as quais são especializados; além disso, uma vez que são especialistas no que fornecem, têm maior conhecimento e experiência.

›› Análise de propostas

Para a análise de propostas, neste tópico, partimos do princípio de que toda a análise para decidir entre comprar ou produzir já foi realizada e que se optou pelo fornecedor externo.

Para a comparação entre as diversas propostas, utilizamos o cálculo do **valor presente**, de forma a trazer todos os valores para a mesma data. O valor presente é calculado da seguinte forma:

$$VP = \frac{VF}{(1+i)^n}$$

Sendo:
» VP – valor presente;
» VF – valor futuro (valor na data de pagamento);
» i – custo financeiro por período;
» n – quantidade de períodos considerados.

Veja um exemplo: para a confecção da peça X, o fornecedor ZXC Ltda. apresentou a seguinte oferta:
» Preço unitário: R$ 1.500,00.
» IPI: 12%, a ser pago na última parcela.
» Condições de pagamento: sinal – 30%; saldo a 30 DD.
» Prazo de entrega: 30 dias após a confirmação do pedido.
» Custo financeiro: 0,3% ao mês.

Construindo o fluxo de caixa dessa proposta, temos o Gráfico 9.1.

» **Gráfico 9.1:** Fluxo de caixa da proposta

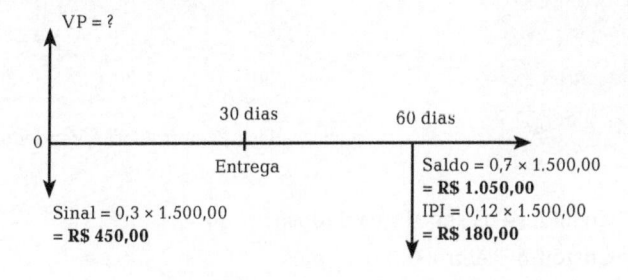

```
VP = ?
          30 dias        60 dias
0 ─────────┼──────────────┼──────►
          Entrega        Saldo = 0,7 × 1.500,00
                         = R$ 1.050,00
Sinal = 0,3 × 1.500,00   IPI = 0,12 × 1.500,00
= R$ 450,00              = R$ 180,00
```

O cálculo do valor presente é:

$$VP = R\$\ 450,00 + \frac{R\$\ 1.050,00 + R\$\ 180,00}{(1 + 0,003)^{\left(\frac{60}{30}\right)}}$$

$$VP = R\$\ 450,00 + R\$\ 1.222,65$$

$$VP = R\$\ 1.672,65$$

Portanto, o valor presente para essa compra é de R$ 1.672,65.

Para o segundo exemplo, considere a seguinte situação: na compra de móveis para uma nova filial da empresa, o departamento de compras consultou três fornecedores para a aquisição de cada item. No processo de compra da mesa do gerente, três fornecedores (A, B e C) apresentaram propostas, conforme a Tabela 9.1.

» **Tabela 9.1:** Propostas para compra da mesa do gerente

Fornecedor		A	B	C
Preço unitário		R$ 1.200,00	R$ 1.300,00	R$ 1.400,00
Condição de pagamento	Sinal	30%	25%	20%
	Saldo (em dias da data)	30	15	45
Embalagem		3,0%	–	1,5%
Prazo de entrega		30	30	30
Responsabilidade do frete		Comprador	Comprador	Vendedor

Considere os seguintes dados:
» Custo financeiro: 0,5% ao mês.
» Custo do frete: R$ 220,00.

» Embalagem e frete serão pagos no vencimento da fatura.

Com base nesses dados, realizamos a análise individual de cada proposta. Apresentamos o fluxo de caixa do fornecedor A no Gráfico 9.2.

» **Gráfico 9.2**: Fluxo de caixa do fornecedor A

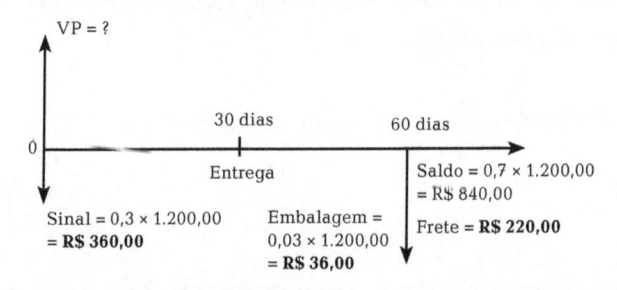

```
        VP = ?
         ↑
         │         30 dias            60 dias
        0├───────────┼──────────────────┼──────────►
         │        Entrega         Saldo = 0,7 × 1.200,00
         ↓                        = R$ 840,00
    Sinal = 0,3 × 1.200,00   Embalagem =    Frete = R$ 220,00
    = R$ 360,00              0,03 × 1.200,00
                             = R$ 36,00
                                            ↓
```

O cálculo do valor presente da proposta do fornecedor A é:

$$VP = R\$\ 360{,}00 + \frac{R\$\ 840{,}00 + R\$\ 36{,}00 + R\$\ 220{,}00}{(1 + 0{,}005)^{(\frac{60}{30})}}$$

$VP = R\$\ 360{,}00 + R\$\ 1.085{,}12$

$VP = R\$\ 1.445{,}12$

Procedendo da mesma maneira com a proposta do fornecedor B, temos o fluxo de caixa apresentado no Gráfico 9.3.

» **Gráfico 9.3**: Fluxo de caixa do fornecedor B

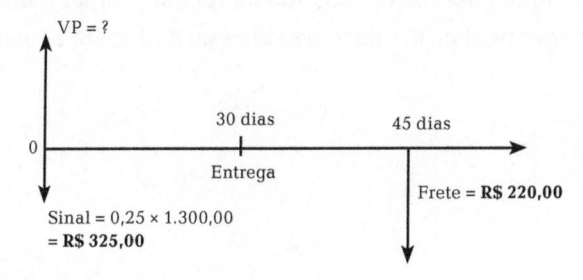

```
        VP = ?
         ↑
         │         30 dias        45 dias
        0├───────────┼──────────────┼──────────►
         │        Entrega
         ↓                     Frete = R$ 220,00
    Sinal = 0,25 × 1.300,00
    = R$ 325,00
                                    ↓
```

Calculamos o correspondente valor presente:

$$VP = R\$\ 325{,}00 + \frac{R\$\ 975{,}00 + R\$\ 220{,}00}{(1 + 0{,}005)^{\left(\frac{45}{30}\right)}}$$

$$VP = R\$\ 325{,}00 + R\$\ 1.186{,}09$$

$$VP = R\$\ 1.544{,}09$$

Por fim, o fluxo de caixa referente à proposta do fornecedor C é mostrado no Gráfico 9.4.

» **Gráfico 9.4**: Fluxo de caixa do fornecedor C

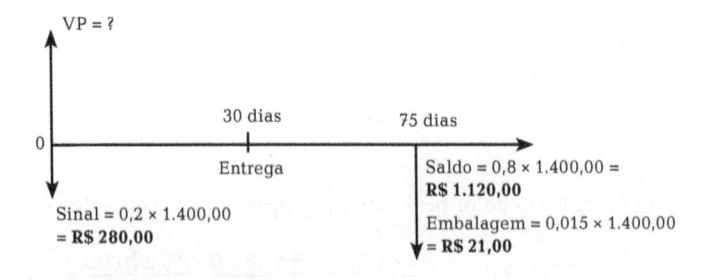

```
VP = ?
 ↑
 |        30 dias       75 dias
 |_____|_____|_____→
 0        Entrega       Saldo = 0,8 × 1.400,00 =
 ↓                      R$ 1.120,00
Sinal = 0,2 × 1.400,00
= R$ 280,00            Embalagem = 0,015 × 1.400,00
                       ↓ = R$ 21,00
```

O valor presente dessa proposta é o seguinte:

$$VP = R\$\ 280{,}00 + \frac{R\$\ 1.120{,}00 + R\$\ 21{,}00}{(1 + 0{,}005)^{\left(\frac{75}{30}\right)}}$$

$$VP = R\$\ 280{,}00 + R\$\ 1.126{,}86$$

$$VP = R\$\ 1.406{,}86$$

Portanto, o **fornecedor C** é aquele que apresenta o **menor custo** para o produto desejado, sendo o escolhido para a compra.

» E-procurement

No Capítulo 8, apresentamos alguns sistemas integrados de informação destinados à gestão logística. Podemos definir o **e-procurement**, de maneira simplificada, como o sistema integrado de informação que viabiliza o processo de compras via internet.

O *e-procurement* é uma forma de comércio eletrônico na forma *business to business* (B2B), ou seja, que viabiliza a comunicação entre duas empresas, compradora e fornecedora, e que engloba compras, requisição, transporte, armazenagem e recebimento interno.

Os modelos existentes de *e-procurement* são (Laudon; Laudon, 2004):

- » **Centrado no fornecedor** – A compra é realizada por meio de acesso ao *site* do fornecedor.
- » **Centrado no comprador** – A compra é realizada por meio do *site* do comprador, no qual constam os processos em aberto para compras, para os quais os fornecedores podem apresentar suas propostas.
- » **E-marketplace** – Existe um *site* que intermedeia a relação entre fornecedores e compradores, oferecendo a gestão do processo, publicando as requisições de compras que são acessadas por fornecedores cadastrados e aprovados para aquele item. Esses fornecedores apresentam suas propostas, que são avaliadas pelo próprio sistema conforme critérios preestabelecidos, indicando-se o vencedor da concorrência.
- » **Leilões reversos** – É a modalidade em que os fornecedores oferecem lances a partir de um valor estabelecido pelo comprador (lance inicial). Aquele que apresentar o menor valor ganha a concorrência.

As principais características do *e-procurement* são a transparência do processo e a segurança que o sistema oferece. Utiliza-se a tecnologia como um aliado na busca de rapidez e no alcance do processo de aquisição; além disso, obtém-se um alto retorno sobre o investimento ao se reduzirem significativamente os custos do processo de compras, automatizando-se as etapas intermediárias. O sistema também permite o acesso a novos mercados fornecedores, o que, da forma tradicional, seria muito difícil de se alcançar.

Os principais benefícios dessa ferramenta são:

- maior agilidade e produtividade no processo de cotação de preços de materiais e serviços e pedidos de compra;
- redução de processos manuais e repetitivos de digitação das cotações e pedidos de ERP;
- maior poder de negociação, pelo agrupamento das cotações ou centralização de compras;
- registro de todo o processo de cotação e formalização dos pedidos;
- maior tempo fornecido aos compradores para negociação;
- redução do tempo de espera (*lead time*);
- facilidade de desenvolvimento de novos fornecedores;
- redução dos preços médios negociados;
- redução dos níveis de estoque pelo aumento de giro;
- integração ao sistema de gestão corporativo ERP;
- auditoria facilitada pela transparência e pelo registro das ações;
- redução de custos por meio da automatização de compras utilizando a internet;
- garantia de que o item selecionado passa por um fluxo de aprovação e será enviado posteriormente para o fornecedor com as melhores condições negociadas;

» possibilidade de realizar análises desse sistema em tempo real, levando a organização a tomar decisões em tempo útil, ou seja, ainda antes de se executarem as compras.

Por outro lado, as barreiras apresentadas pelo sistema são:
» problemas de integração e compatibilidade com sistemas já existentes;
» falta de padrões para o desenvolvimento de *softwares* destinados ao *e-commerce*;
» falta de fornecedores com acesso ao sistema de *e-procurement* da empresa;
» diminuição da qualidade e serviços de garantia, por causa da pressão sobre os preços;
» inabilidade em identificar itens adequados para o leilão.

Apesar das grandes vantagens do *e-procurement*, é necessário proceder a uma análise sobre seus impactos na empresa e criar uma política sobre sua utilização, identificando-se os itens que serão inclusos nesse processo.

» Licitações

A **licitação** é o processo de compras realizado por órgãos governamentais. É definida como um procedimento administrativo formal para a contratação de serviços ou para a aquisição de produtos pela Administração Pública, direta ou indireta, que é regulado pelas Leis n. 8.666/1993 (Brasil, 1993) e n. 10.520/2002 (Brasil, 2002).

A Lei n. 8.666/1993, sancionada em 21 de junho de 1993, estabelece as normas gerais sobre licitações e contratos administrativos pertinentes a obras, serviços, inclusive de publicidade, compras, alienações e locações no âmbito dos poderes da União, dos estados, do Distrito Federal e dos municípios (Brasil, 1993). A Lei n. 10.520, de 17 de julho de 2002, institui o pregão para a aquisição de bens e serviços comuns (Brasil, 2002).

》》》 Modalidades de licitação

Existem seis modalidades de licitação, a saber (Brasil, 2002):

1) **Concorrência pública** – Para contratos de grande vulto, é realizada com ampla publicidade, para assegurar a participação de quaisquer interessados que preencham os requisitos previstos no edital convocatório. Não se exige que haja registro prévio ou cadastro dos interessados, mas que eles satisfaçam as condições prescritas em edital, o qual deve ser publicado com, no mínimo, 30 (trinta) dias antes da data de recebimento das propostas. As principais aplicações da concorrência pública são:
   a. compra de bens imóveis;
   b. alienações de bens imóveis para as quais não tenha sido adotada a modalidade de leilão;
   c. concessões de direito real de uso, serviço ou obra pública;
   d. licitações internacionais.
2) **Tomada de preços** – A escolha do fornecedor é realizada mediante a oferta de preços, baseada em um cadastro prévio dos interessados, por meio do qual serão analisadas a situação e a conformidade da empresa.
3) **Convite** – É a modalidade de licitação destinada a interessados do ramo, cadastrados ou não, escolhidos e convidados em número mínimo de três pela unidade administrativa, a qual afixará, em local apropriado, cópia do instrumento convocatório e o estenderá aos demais cadastrados na correspondente especialidade que manifestarem seu interesse

com antecedência de até 24 horas da apresentação da proposta. Chama-se *carta convite* quando a referida carta substitui o edital da licitação.

4) **Leilão** – É a modalidade adotada para a venda de bens móveis inservíveis para a Administração, para a venda de produtos legalmente apreendidos ou penhorados ou para a alienação de bens imóveis tomados de credores da Administração ou como resultado de processos judiciais.

5) **Concurso** – É a modalidade de licitação destinada à seleção de trabalhos técnicos, científicos ou artísticos, para uso da Administração Pública. Estabelece-se um prêmio, e qualquer interessado qualificado pode submeter seu trabalho. É bom ressaltarmos que essa modalidade de licitação não é o mesmo que *concurso público*, que cumpre a função de preenchimento de cargos públicos, por meio de provas ou provas e títulos.

6) **Pregão** – É a modalidade de licitação que pode ser adotada não apenas pela União, mas também pelos estados e pelos municípios, para a aquisição de bens e serviços comuns.

Todos esses procedimentos visam à transparência na gestão pública, na aquisição de bens e serviços.

››› Tipos de licitação

Nas modalidades que apresentamos anteriormente, a licitação pode ser de quatro tipos, conforme seu objetivo:

1) **Menor preço** – Vence a proposta mais vantajosa, que apresenta o menor custo para a Administração Pública.
2) **Melhor técnica** – Vence a proposta de melhor técnica, com a aceitação do valor da proposta mais baixa entre todas

as que apresentem a técnica mínima exigida no edital ou carta convite.

3) **Técnica e preço** – As propostas recebem uma nota, que considera a técnica e o preço – com pesos na composição da nota definidos no edital ou na carta convite; vence a proposta com melhor nota.

4) **Maior lance ou oferta** – É utilizado no caso de venda de bens (somente em leilão ou concorrência).

A escolha adequada do tipo de licitação ocorre em função das características do produto ou serviço – se é um item-padrão ou desenvolvido especialmente para atender à licitação, por exemplo – ou da complexidade do processo de aquisição – existência de um monopólio, por exemplo.

>>> Limites de valores

Há limites de valor para que as modalidades de licitações sejam aplicadas (Brasil, 2002):

a. **Para obras e serviços de engenharia**:
   - **Convite** – até R$ 150.000,00 (cento e cinquenta mil reais).
   - **Tomada de preços** – até R$ 1.500.000,00 (um milhão e quinhentos mil reais).
   - **Concorrência** – acima de R$ 1.500.000,00 (um milhão e quinhentos mil reais);

b. **Para outras compras e serviços**, ou seja, todas aquelas que não estão incluídas no item anterior:
   - **Convite** – até R$ 80.000,00 (oitenta mil reais);
   - **Tomada de preços** – até R$ 650.000,00 (seiscentos e cinquenta mil reais);
   - **Concorrência** – acima de R$ 650.000,00 (seiscentos e cinquenta mil reais).

Esses são os principais conteúdos da Lei n. 10.250/2002 sobre as regras do processo de licitação. Para conhecer mais detalhes, acesse o texto da lei (ver seção "Para saber mais").

>>> Estudo de caso

A Indústria de Papel FRT está ampliando suas instalações e adquirindo uma nova máquina para produção de papel. Essa compra exige uma equipe multidepartamental, envolvendo os departamentos de compras, de engenharia e financeiro. Há dois fornecedores no mercado, que detêm tecnologias próprias. A equipe definiu os critérios para a análise das propostas, conforme segue:

- primeiramente, as relações entre capacidade de produção das máquinas e consumo de energia e de água;
- as adequações às normas e legislações brasileiras sobre questões ambientais;
- o custo total da máquina, considerando-se preço, impostos, embalagens especiais, obras para instalação e transporte;
- finalmente, a análise do fluxo de caixa e como atrelar os pagamentos a eventos, como aprovações de desenho, testes, inspeção na fábrica do fornecedor, entrega e percentual faturado.

Com essas definições, pode-se, então, negociar com o fornecedor que apresentou a melhor proposta.

>> Síntese

A área de **compras** é a atividade logística responsável pela aquisição de produtos e serviços necessários à operação da empresa, na quantidade certa, na qualidade desejada, ao menor custo e no momento correto.

A **qualidade** em compras apresenta duas dimensões: a qualidade de especificação e a qualidade de conformidade.

O **custo** do material adquirido é composto por: preço, condição de pagamento, prazo de entrega, frete, embalagem, durabilidade, rendimento etc.

São **atividades** desenvolvidas pela área de compras: pesquisa e estudo do mercado fornecedor, estudo de alternativas de materiais, análise de custos, novas fontes de fornecimento, inspeção em instalações dos fornecedores, desenvolvimento de fornecedores, conferências de requisições, decisão entre contratos ou mercado, entrevista de vendedores, negociação de contratos, acompanhamento do recebimento de materiais, estimativa de custos e tratamento das relações comerciais recíprocas.

A **análise das propostas** consiste em definir o fornecedor que venceu a cotação e, para isso, calcula-se o valor presente das cotações, de forma a possibilitar a comparação.

» Questões para revisão

1) Para a compra de um aparelho médico importado no valor de R$ 1.800.000,00, é possível utilizar qual modalidade de licitação?
   a. Não é necessário licitação.
   b. Convite.
   c. Tomada de preço.
   d. Concorrência.

2) Quais são as dimensões de qualidade com que o departamento de compras atua?

3) É um componente do custo do produto adquirido:
   a. durabilidade.
   b. estocagem.
   c. facilidade de manuseio.
   d. consumo na produção.

4) Descreva a atividade da área de compras relacionada ao estudo de materiais.

5) Qual afirmação abaixo está **incorreta**?
   a. É função do comprador evitar que novos fornecedores entrem no cadastro da empresa, para preservar a estrutura de suprimentos existente.
   b. O comprador deve buscar, com os vendedores das empresas fornecedoras, informações relevantes para o planejamento da empresa.
   c. O comprador deve consultar o departamento de contabilidade, sempre que houver dúvidas sobre os impostos cobrados pelos fornecedores.
   d. Compete ao comprador buscar informações que auxiliem na decisão de fazer ou comprar um produto ou serviço.

» Questões para reflexão

1) Em uma cadeia de suprimentos, quais deveriam ser as políticas do departamento de compras referentes ao relacionamento com fornecedores?

2) Discuta as vantagens e as dificuldades da implantação do *e-procurement* para o abastecimento de uma rede de lojas de departamento.

》》 Para saber mais

Para aprofundar seus conhecimentos sobre os assuntos tratados neste capítulo, leia os textos a seguir:

BAILEY, P. *Compras*: princípios e administração. São Paulo: Atlas, 2000.

BRASIL. Lei n. 10.520, de 17 de julho de 2002. *Diário Oficial da União*, Poder Executivo, Brasília, DF, 18 jul. 2002. Disponível em: <http://www.planalto.gov.br/ccivil_03/leis/2002/l10520.htm>. Acesso em: 9 ago. 2014.

》》 Perguntas & respostas

Qual é a importância do processo de compras para os resultados da empresa?

Além de garantir o suprimento de matérias-primas e outros itens necessários à operação, um processo de compras bem conduzido gera economias, ao se adquirirem bens e serviços pelo menor custo possível e com as características especificadas. É também função da área de compras buscar alternativas que apresentem vantagens em relação aos produtos adquiridos atualmente, como maior rendimento, maior durabilidade e custo mais baixo.

» Consultando a legislação

Sobre **licitações**, consulte as seguintes leis:

BRASIL. Lei n. 8.666, de 21 de junho de 1993. *Diário Oficial da União*, Poder Legislativo, Brasília, DF, 22 jun. 1993. Disponível em: <http://www.planalto.gov.br/ccivil_03/leis/l8666cons.htm>. Acesso em: 9 ago. 2014.

_____. Lei n. 9.611, de 19 de fevereiro de 1998. *Diário Oficial da União*, Poder Executivo, Brasília, DF, 20 fev. 1998. Disponível em: <http://www.planalto.gov.br/ccivil_03/Leis/L9611.htm>. Acesso em: 9 ago. 2014.

_____. Lei n. 10.520, de 17 de julho de 2002. *Diário Oficial da União*, Poder Executivo, Brasília, DF, 18 jul. 2002. Disponível em: <http://www.planalto.gov.br/ccivil_03/leis/2002/l10520.htm>. Acesso em: 9 ago. 2014.

Sobre **transportes**, todas as normas relativas se encontram no endereço a seguir:

BRASIL. Ministério dos Transportes. *Base jurídica*. Disponível em: <http://www.transportes.gov.br/basejuridica.html>. Acesso em: 30 out. 2014.

Para concluir...

No início do livro, propusemos apresentar uma visão abrangente da logística, o que foi alcançado ao longo dos capítulos, nos quais buscamos detalhar as atividades englobadas por essa área da administração.

Concluímos que a logística passou de uma função acessória para uma área estratégica nas empresas, na medida em que a concorrência se globaliza e se acirra e consumidores e usuários se tornam cada vez mais exigentes com a qualidade, rapidez e flexibilidade do serviço atendido.

Estudamos os impactos das tecnologias de comunicação e informação nas operações e na gestão dessa área, que a sofisticaram e a tornaram cada vez mais complexa, na busca por melhorias constantes e alto grau de confiabilidade.

Esperamos que esta obra contribua para o seu melhor entendimento da logística e abra caminho para que você, leitor, busque aprofundar os seus conhecimentos.

» Referências

AIRPORTS COUNCIL INTERNATIONAL. *Cargo volume*. Disponível em: <http://www.aci.aero/Data-Centre/Annual-Traffic-Data/Cargo/2012-final>. Acesso em: 17 jan. 2014.

ANTAQ – Agência Nacional de Transportes Aquaviários. Disponível em: <www.antaq.gov.br/Portal/default.asp?>. Acesso em: 9 ago. 2014.

____. *Anuário Estatístico Aquaviário*. 2012. *Slides*. Disponível em: <http://www.antaq.gov.br/Portal/Anuarios/Anuario2012/index.htm>. Acesso em: 30 out. 2014.

ANTF – Associação Nacional dos Transportadores Ferroviários. Disponível em: <www.antf.org.br/index.php>. Acesso em: 9 ago. 2014.

ANTF – Associação Nacional dos Transportadores Ferroviários. *Números*. 2012. Disponível em: <http://www.antf.org.br/index.php/informacoes-do-setor/numeros>. Acesso em: 30 out. 2014.

ANTT – Agência Nacional de Transportes Terrestres. Disponível em: <www.antt.gov.br>. Acesso em: 9 ago. 2014a.

____. *Características*. Disponível em: <http://www.antt.gov.br/index.php/content/view/4971/Caracteristicas.html>. Acesso em: 30 out. 2014b.

____. *Dutoviário*. Disponível em: <http://www.antt.gov.br/index.php/content/view/4964.html>. Acesso em: 3 fev. 2014c.

____. *Idade média dos veículos*. 2014. Disponível em: <http://

www.antt.gov.br/index.php/content/view/20272/Idade_Media_dos_Veiculos.html>. Acesso em: 30 out. 2014d.

ANTT – Agência Nacional de Transportes Terrestres. *Transportadores*: frota de veículos. Disponível em: <http://www.antt.gov.br/index.php/content/view/20270/Transportadores___Frota_de_Veiculos.html>. Acesso em: 30 out. 2014e.

ANVISA – Agência Nacional de Vigilância Sanitária. Disponível em: <http://portal.anvisa.gov.br/wps/portal/anvisa/home>. Acesso em: 9 ago. 2014.

BAILEY, P. *Compras*: princípios e administração. São Paulo: Atlas, 2000.

BALLOU, R. H. *Gerenciamento da cadeia de suprimentos*: logística empresarial. 5. ed. Porto Alegre: Bookman, 2006.

BANZATO, E. *Tecnologia da informação aplicada à logística*. São Paulo: Imam, 2005.

BERTAGLIA, P. R. *Logística e gerenciamento da cadeia de abastecimento*. 2. ed. São Paulo: Saraiva, 2009.

BOWERSOX, D. J. *Leading Edge Logistics*: a Competitive Positioning for the 1990's – Comprehensive Research on Logistics Organization Strategy and Behavior in North America. Oak Brook: CLM, 1989.

BOWERSOX, D. J.; CLOSS, D. J. *Logística empresarial*. São Paulo: Atlas, 2001.

BRASIL. Lei n. 10.520, de 17 de julho de 2002. *Diário Oficial da União*, Poder Executivo, Brasília, DF, 18 jul. 2002. Disponível em: <http://www.planalto.gov.br/ccivil_03/leis/2002/l10520.htm>. Acesso em: 9 ago. 2014.

BRASIL. Lei n. 8.666, de 21 de junho de 1993. *Diário Oficial da União*, Poder Legislativo, Brasília, DF, 22 jun. 1993. Disponível em: <http://www.planalto.gov.br/ccivil_03/leis/l8666cons.htm>. Acesso em: 9 ago. 2014.

_____. Lei n. 9.611, de 19 de fevereiro de 1998. *Diário Oficial da União*, Poder Executivo, Brasília, DF, 20 fev. 1998. Disponível em: <http://www.planalto.gov.br/ccivil_03/Leis/L9611.htm>. Acesso em: 9 ago. 2014.

BRASIL. Ministério dos Transportes. Disponível em: <www.transportes.gov.br>. Acesso em: 30 out. 2014a.

_____. *Base jurídica*. Disponível em: <http://www.transportes.gov.br/conteudo/36244>. Acesso em: 30 out. 2014b.

BUSSINGER, F. *Hidroanel metropolitano e dinamização da Hidrovia Tietê – Paraná*. 2009. *Slides*. Disponível em: <http://www.antaq.gov.br/portal/pdf/palestras/seminariobrasilholanda/painel1/palestrafredericobussinger.pdf>. Acesso em: 20 nov. 2014.

CHOPRA, S.; MEINDL, P. *Gestão da cadeia de suprimentos*: estratégia, planejamento e operações. 4. ed. São Paulo: Pearson Prentice Hall, 2011.

CHRISTOPHER, M. *A logística do marketing*. 3. ed. São Paulo: Futura, 1999.

CLRB – Conselho de Logística Reversa do Brasil. Disponível em: <http://www.clrb.com.br/site>. Acesso em: 30 out. 2014.

CNT – Confederação Nacional do Transporte. Disponível em: <www.cnt.org.br>. Acesso em: 9 ago. 2014.

_____. *Boletim estatístico*: novembro 2013. Disponível em: <http://www.cnt.org.br/Paginas/Boletins_Detalhes.aspx?b=3>. Acesso em: 4 jan. 2014.

CNT – Confederação Nacional do Transporte. *Transporte de cargas no Brasil*: ameaças e oportunidades para o desenvolvimento do país – diagnóstico e plano de ação. 2002. Disponível em: <http://portal2.tcu.gov.br/portal/pls/portal/docs/2062408.PDF>. Acesso em: 15 mar. 2013.

CSCMP – Council of Supply Chain Management Professionals. Disponível em: <http://www.cscmp.org>. Acesso em: 30 out. 2014.

_____. *Supply Chain Management*: Terms and Glossary. 2013. Disponível em: <http://www.cscmp.org/sites/default/files/user_uploads/resources/downloads/glossary-2013.pdf>. Acessado em: 1º ago. 2014.

DNIT – Departamento Nacional de Infraestrutura de Transportes. *Breve histórico do rodoviarismo federal no Brasil*. 2001. Disponível em: <http://www1.dnit.gov.br/historico>. Acesso em: 12 fev. 2014.

DORNIER, P. P. et al. *Logística e operações globais*: textos e casos. São Paulo: Atlas, 2000.

REVISTA DE LOGÍSTICA DA FATEC CARAPICUÍBA. Carapicuíba, 2010-2014. Disponível em: <http://www.fateccarapicuiba.edu.br/revistas.php>. Acesso em: 30 out. 2014.

FDC – Fundação Dom Cabral. *Custos logísticos no Brasil*. 5 dez. 2012. *Slides*. Disponível em: <http://pt.slideshare.net/FundacaoDomCabral/pesquisa-custo-logistico-17229913>. Acesso em: 5 jan. 2014.

GS1 BRASIL – Associação Brasileira de Automação. Disponível em: <http://www.gs1br.org>. Acesso em: 30 out. 2014.

GUIALOG. *Artigos sobre movimentação e armazenagem*. Disponível em: <http://www.guialog.

com.br/artigos-m&a.htm>. Acesso em: 30 out. 2014.

ILOS – Instituto de Logística e Supply Chain. *Custos logísticos no Brasil – 2014*. Disponível em: <http://www.ilos.com.br/ilos_2014/wp-content/uploads/PANORAMAS/PANORAMA_brochura_custos.pdf>. Acesso em: 30 out. 2014.

INFRAERO – Empresa Brasileira de Infraestrutura Aeroportuária. Disponível em: <www.infraero.gov.br>. Acesso em: 9 ago. 2014.

ISO – International Organization for Standardization. *ISO/TC 104*: Freight Containers. 1961. Disponível em: <http://www.iso.org/iso/iso_technical_committee?commid=51156>. Acesso em: 30 out. 2014.

ITF – International Transport Forum. *Discussion Paper N. 2009-12*: May 2009 – Preliminary Version. 2009a. Disponível em: <http://www.internationaltransportforum.org/jtrc/DiscussionPapers/DP200912.pdf>. Acesso em: 30 out. 2014.

ITF – International Transport Forum. *Transport for a Global Economy Challenges & Opportunities in the Downturn*. 2009b. Disponível em: <http://www.internationaltransportforum.org/2009/forum2009.html>. Acesso em: 30 out. 2014.

LAUDON, K. C.; LAUDON, J. P. *Sistemas de informações gerenciais*. 5. ed. São Paulo: Prentice Hall, 2004.

LEITE, P. R. *Logística reversa*: meio ambiente e competitividade. São Paulo: Pearson Prentice Hall, 2003.

NATION MASTER. *Transportation Statistics 2010*. Disponível em: <http://www.nationmaster.com/graph/tra_roa_pav-transportation-roadways-paved>. Acesso em: 26 mar. 2013.

NTC – Associação Nacional do Transporte de Cargas e Logística. Disponível em: <www.ntcelogistica.org.br>. Acesso em: 30 out. 2014.

PORTER, M. *Vantagem competitiva*. Rio de Janeiro: Campus, 1989.

PROTESTE. *Entenda o código de barras*. 2011. Disponível em: <http://www.proteste.org.br/familia/nc/noticia/entenda-o-codigo-de-barras>. Acesso em: 30 out. 2014.

RODRIGUES, P. R. A. *Gestão estratégica de armazenagem*. 2. ed. São Paulo: Aduaneiras, 2007.

_____. *Introdução aos sistemas de transporte no Brasil e à logística internacional*. 3. ed. São Paulo: Aduaneiras, 2003.

SANTOS, E. B. et al. Análise da utilização de ferramentas de gestão de estoque em uma empresa produtora de bebidas, como auxílio à gestão da logística de materiais em um cenário de demanda variável. In: ENCONTRO NACIONAL DE ENGENHARIA DE PRODUÇÃO, 32., 2012, Bento Gonçalves. *Anais...* Bento Gonçalves: Enegep, 2012. Disponível em: <http://www.abepro.org.br/biblioteca/enegep2012_tn_stp_157_914_20007.pdf>. Acesso em: 30 out. 2014.

SIMCHI-LEVI, D.; KAMINSKY, P.; SIMCHI-LEVI, E. *Cadeia de suprimentos*: projeto e gestão. 3. ed. Porto Alegre: Bookman, 2010.

SLACK, N.; CHAMBERS, S.; JOHNSTON, R. *Administração da produção*. 3. ed. São Paulo: Atlas, 2009.

WIKIPEDIA. *Track and Trace*. Disponível em: <http://en.wikipedia.org/wiki/Track_and_trace>. Acesso em: 30 out. 2014.

» Anexo

Tabela z

z	0	0,01	0,02	0,03	0,04	0,05	0,06	0,07	0,08	0,09
0	0,50000	0,50399	0,50798	0,51197	0,51595	0,51994	0,52392	0,52790	0,53188	0,53586
0,1	0,53983	0,54380	0,54776	0,55172	0,55567	0,55962	0,56356	0,56749	0,57142	0,57535
0,2	0,57926	0,58317	0,58706	0,59095	0,59483	0,59871	0,60257	0,60642	0,61026	0,61409
0,3	0,61791	0,62172	0,62552	0,62930	0,63307	0,63683	0,64058	0,64431	0,64803	0,65173
0,4	0,65542	0,65910	0,66276	0,66640	0,67003	0,67364	0,67724	0,68082	0,68439	0,68793
0,5	0,69146	0,69497	0,69847	0,70194	0,70540	0,70884	0,71226	0,71566	0,71904	0,72240
0,6	0,72575	0,72907	0,73237	0,73565	0,73891	0,74215	0,74537	0,74857	0,75175	0,75490
0,7	0,75804	0,76115	0,76424	0,76730	0,77035	0,77337	0,77637	0,77935	0,78230	0,78524
0,8	0,78814	0,79103	0,79389	0,79673	0,79955	0,80234	0,80511	0,80785	0,81057	0,81327
0,9	0,81594	0,81859	0,82121	0,82381	0,82639	0,82894	0,83147	0,83398	0,83646	0,83891
1	0,84134	0,84375	0,84614	0,84849	0,85083	0,85314	0,85543	0,85769	0,85993	0,86214
1,1	0,86433	0,86650	0,86864	0,87076	0,87286	0,87493	0,87698	0,87900	0,88100	0,88298
1,2	0,88493	0,88686	0,88877	0,89065	0,89251	0,89435	0,89617	0,89796	0,89973	0,90147
1,3	0,90320	0,90490	0,90658	0,90824	0,90988	0,91149	0,91309	0,91466	0,91621	0,91774
1,4	0,91924	0,92073	0,92220	0,92364	0,92507	0,92647	0,92785	0,92922	0,93056	0,93189
1,5	0,93319	0,93448	0,93574	0,93699	0,93822	0,93943	0,94062	0,94179	0,94295	0,94408
1,6	0,94520	0,94630	0,94738	0,94845	0,94950	0,95053	0,95154	0,95254	0,95352	0,95449
1,7	0,95543	0,95637	0,95728	0,95818	0,95907	0,95994	0,96080	0,96164	0,96246	0,96327
1,8	0,96407	0,96485	0,96562	0,96638	0,96712	0,96784	0,96856	0,96926	0,96995	0,97062
1,9	0,97128	0,97193	0,97257	0,97320	0,97381	0,97441	0,97500	0,97558	0,97615	0,97670
2	0,97725	0,97778	0,97831	0,97882	0,97932	0,97982	0,98030	0,98077	0,98124	0,98169
2,1	0,98214	0,98257	0,98300	0,98341	0,98382	0,98422	0,98461	0,98500	0,98537	0,98574
2,2	0,98610	0,98645	0,98679	0,98713	0,98745	0,98778	0,98809	0,98840	0,98870	0,98899
2,3	0,98928	0,98956	0,98983	0,99010	0,99036	0,99061	0,99086	0,99111	0,99134	0,99158
2,4	0,99180	0,99202	0,99224	0,99245	0,99266	0,99286	0,99305	0,99324	0,99343	0,99361
2,5	0,99379	0,99396	0,99413	0,99430	0,99446	0,99461	0,99477	0,99492	0,99506	0,99520
2,6	0,99534	0,99547	0,99560	0,99573	0,99585	0,99598	0,99609	0,99621	0,99632	0,99643
2,7	0,99653	0,99664	0,99674	0,99683	0,99693	0,99702	0,99711	0,99720	0,99728	0,99736
2,8	0,99744	0,99752	0,99760	0,99767	0,99774	0,99781	0,99788	0,99795	0,99801	0,99807
2,9	0,99813	0,99819	0,99825	0,99831	0,99836	0,99841	0,99846	0,99851	0,99856	0,99861
3	0,99865	0,99869	0,99874	0,99878	0,99882	0,99886	0,99889	0,99893	0,99896	0,99900

» Respostas

»»» Capítulo 1

» *Questões para revisão*

1)
   a. Recurso transformado.
   b. Recurso transformador.
2) Garantir a disponibilidade de recursos, reduzindo o risco de interrupção de produção, e controlar as operações, evitando desperdícios.
3) b
4) b
5) c

»»» Capítulo 2

» *Questões para revisão*

1)
   a. Eficiente.
   b. Responsiva.
   c. Eficiente.

2)

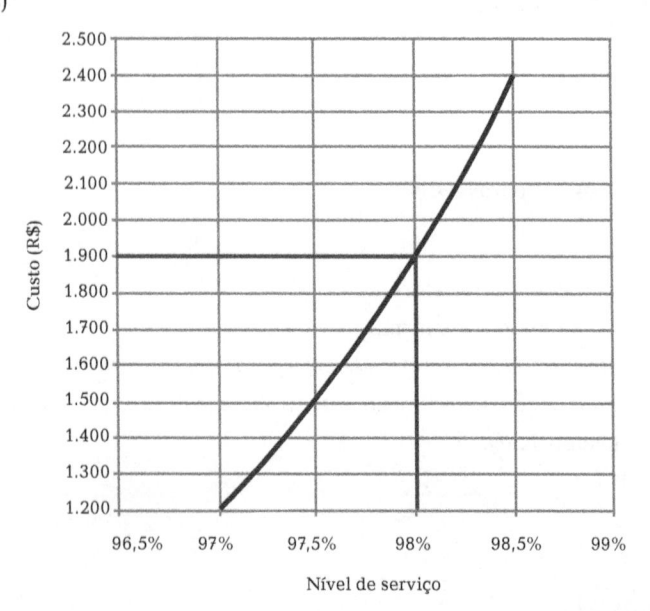

[Gráfico: Custo (R$) vs Nível de serviço, com linhas em 1.900 e 98%]

Aumento de R$ 1.900,00 – R$ 1.200,00 = R$ 700,00. Rejeitado.

3) c
4) c
5) d

⫸ Capítulo 3

» *Questões para revisão*

1) Opção de investimentos governamentais em infraestrutura rodoviária e modelo de industrialização baseada na indústria automobilística.
2) É a atividade logística mais significativa na composição dos custos logísticos.
3) d

4) c
5) a

>>> Capítulo 4

» Questões para revisão

1) São necessárias 50 posições.
2) Custos de capital e custos operacionais.
3) b
4) b
5) a

>>> Capítulo 5

» Questões para revisão

1) Apresentar a descrição precisa do material, de forma a permitir sua compra, sem que gere dúvidas ou a possibilidade de se receber o produto errado.
2) Deve ser clara, precisa e concisa; descrever o material do geral para o particular; conter todos os dados necessários para o fornecimento correto do material; permitir o recebimento e a inspeção do material; não conter características desnecessárias que possam encarecer e dificultar a aquisição do material; corresponder às especificações comerciais de uso corrente, se possível.
3) c
4) b
5) d

》》 Capítulo 6

》 Questões para revisão

1) A eliminação da armazenagem intermediária, reduzindo-se os custos correspondentes.
2) Atuar de maneira socioambientalmente correta, descartando-se de forma sustentável os produtos que já cumpriram o seu ciclo de vida ou que apresentaram problemas durante o uso.
3) d
4) a
5) c
6) b

》》 Capítulo 7

》 Questões para revisão

1) Aproximadamente 124 peças.
2) Itens P (42,3% do valor total do estoque) e Q (39,6% do valor total do estoque).
3) Ponto de pedido: 3.600 unidades.
4) b
5) c
6) a

》》 Capítulo 8

》 Questões para revisão

1) a
2) a
3) Composta por ruas, colunas e níveis.

4) b
5) Cadastro de veículos, gerenciamento de documentos, planejamento de manutenções da frota, controle dos caminhões, gerenciamento do consumo de combustível, indicadores de níveis de serviços e planejamento de rotas e de utilização de modais.

»» Capítulo 9

» *Questões para revisão*

1) c
2) Qualidade de especificação e qualidade de conformidade.
3) a
4) Buscar materiais alternativos que substituam os atualmente utilizados com alguma vantagem. Essas alternativas devem ser apresentadas ao departamento técnico, para análise de viabilidade.
5) a

Sobre o autor

Roberto Ramos de Morais é engenheiro mecânico, formado pela Faculdade de Engenharia Industrial (FEI), e mestre em Engenharia de Produção pela Escola Politécnica da Universidade de São Paulo (USP). Atuou em empresas dos segmentos de papel e celulose, alimentício e metalúrgico, nas áreas de suprimentos e logística. Atualmente, trabalha como consultor e leciona na Universidade Presbiteriana Mackenzie, no curso de Administração, e na Faculdade de Tecnologia do Centro Paula Souza (Fatec), nos *campi* de Carapicuíba e Zona Leste, nos cursos de Logística.

Os papéis utilizados neste livro, certificados por instituições ambientais competentes, são recicláveis, provenientes de fontes renováveis e, portanto, um meio responsável e natural de informação e conhecimento.

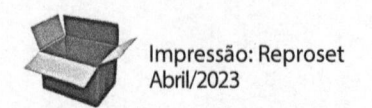

Impressão: Reproset
Abril/2023